CROWDLENDING
INVERTIR COMO UN PROFESIONAL

Jorge Segura

CROWDLENDING
INVERTIR COMO
UN PROFESIONAL

estrega**financiero**

© 2015 Jorge Ladis Segura Romano
1ª edición, Noviembre 2015
Editor: Estratega Financiero
estratregafinanciero.com

Montaje de portada Lupe Cruz Ortiz de Landázuri
Edición y maquetación Laura y Lupe Cruz Ortiz de Landázuri

ISBN 978-84-608-3902-6
Depósito legal M-37148-2015

estratega**financiero**

ÍNDICE

CROWDLENDING
INVERTIR COMO
UN PROFESIONAL

*Este libro está dedicado
a todos los alumnos
introvertidos que dibujan en
los márgenes de las hojas.*

PUNTO DE PARTIDA

PUNTO DE PARTIDA

El proceso de globalización tecnológica y de conocimiento se ha visto acelerado a partir del estallido de la crisis financiera mundial, el punto de inflexión en el cambio de paradigma económico que estamos viviendo. Esto ha hecho que en el mundo desarrollado cientos de miles de empresas hayan desaparecido y millones de personas hayan tenido que reciclarse a nuevas industrias o sigan en el paro. Viejos modelos que desaparecen ante una nueva realidad sustituidos por otros en medio de una gran incertidumbre; la destrucción creativa que se da constantemente pero que se manifiesta con más violencia en los periodos de cambio profundo.

Las mejoras tecnológicas han experimentado un progreso exponencial, sobre todo por la necesidad de bajar costes y hacer más eficientes los procesos, ya que el juego empresarial ahora es mundial y hay que competir con países con costes estructurales mucho más bajos como son los emergentes. También debido a una demanda de mayor transparencia por parte de los usuarios, frustrados por el comportamiento opaco de la vieja industria financiera, personificada en el maltrato de los bancos tradicionales.

Todo ello ha producido que desciendan de manera drástica las barreras de entrada en numerosas industrias, muchas de ellas nuevas o mutaciones de otras anteriores y que se genere de forma colateral un caldo de cultivo propicio para una revolución social y económica que está dando lugar a la aparición de nuevas herramientas tecnológicas que dan mayor protagonismo, autonomía y beneficio al usuario.

Esta nueva tecnología está cambiando la vida de millones de personas.

Al igual que ha ocurrido en los medios de comunicación (*Google*, *Facebook*), servicios de alojamiento (*Airbnb*) y turismo (*TripAdvisor*), editorial y logística (*Amazon*), transportes (*Uber*[1], *Blablacar*) o la industria musical (*Spotify*, *Itunes*), el cine (*Netflix*, *Popcorn*) y el ocio en general, el mundo financiero está experimentando una desintermediación de sus actores principales; los bancos.

El principal medio de comunicación del mundo es *Facebook* y no tiene ningún periodista, la principal empresa de alojamiento es *Airbnb* y no tiene habitaciones, la principal compañía de transporte dentro de la ciudad es *Uber* y no tiene ningún chófer en nómina, el lugar con más discografía es *Spotify* y no tiene ningún disco en stock, el medio que más videos emite y más horas se ve es *Youtube* y no tiene ningún director de cine o televisión en nómina. En el caso de la intermediación financiera está ocurriendo algo parecido, solo que aquí el cambio está siendo más lento.

Hasta ahora el monopolio de la intermediación financiera lo han tenido las entidades financieras; bancos y cajas de ahorros públicas. Esto ha sido posible

1 Hay que puntualizar que no es así en todos los países por la prohibición de su actividad, como es el caso de España, pero en numerosas ciudades es la principal compañía de transporte y la tendencia parece imparable.

porque durante siglos han sido favorecidos por leyes nacionales, practican un *lobbing* muy agresivo de enormes recursos y las puertas giratorias con el alto *establishment* político es perenne, frecuente y constante.

Sin embargo este *status quo* está siendo amenazado por las nuevas empresas pujantes del proceso de destrucción creativa que estamos viviendo.

Estos nuevos actores pujantes son las empresas *Fintech*. Primero ignoradas por los bancos, luego ninguneadas, más tarde consideradas como una realidad y ahora empiezan a verse como una competencia real de futuro para el viejo oligopolio.

Una empresa *Fintech* es aquella que combina las nuevas tecnologías —*Tech*— para dar servicios financieros —*Fin*— con un nuevo modelo de negocio innovador en un mundo global. Son compañías que utilizan como palanca la tecnología para construir modelos de negocio disruptores en la industria de los servicios financieros.

De esta nueva industria *Fintech* han surgido las plataformas de «*Crowdfunding*» como medio de financiación, depósito e inversión alternativo, las «Criptomonedas» como moneda *Fiat* descentralizada y público, el «Intercambio de divisas centralizado» entre partes, como mecanismo transparente y barato, los «Medios de pago alternativos» como las *Apps* y *Wallets* de los principales actores online como depósitos alternativos, la «Gestión de activos» a través de sistemas externalizados automáticos como los *RoboAdvisors* y brokers que den poder al inversor particular con comisiones que tienden a cero, la «Desagregación de los seguros» a través del internet de las cosas y la automatización de muchos procesos que mide el riesgo de forma innovadora y otras aplicaciones que se están desarrollando y están por venir.

Si quieres profundizar en este cambio y lo que se está produciendo te aconsejo que leas el informe del *World Economic Forum*[2], un documento de 179 páginas basado en cientos de entrevistas durante un periodo de dos años y una investigación bastante exhaustiva[3].

Principales sectores *Fintech* que están funcionando:

2 http://www3.weforum.org/docs/WEF_The_future__of_financial_services.pdf

3 También te recomiendo el documento "The Future of Fintech and Banking:Digitally disrupted or reimagined?" de Accenture (http://www.fintechinnovationlablondon.net/media/730274/Accenture-The-Future-of-Fintech-and-Banking-digitallydisrupted-or-reima-.pdf):

Algunas de las áreas afectadas al cambio que ya se están dando:
- Los pagos van a ser descentralizados y globales.
- El Crowdfunding va a reducir la creación de depósitos bancarios.
- Desintermediación bancaria de la financiación.
- Desintermediación bancaria/brokerage de la inversión.

En general la nueva tecnología financiera va a amenazar muchos modelos de negocio. Una sencilla aplicación (API) en nuestro móvil puede llevarnos a invertir a precios más competitivos y claros que cualquier bróker que conozcamos.

Son más transparentes, mucho más baratos, eficientes y dependen de ti. Toda esta eficiencia y transparencia está beneficiando al consumidor y van a arrasar la vieja industria financiera tal como la conocemos. Tendrá que mutar. Es la clásica destrucción creativa que se da cada cierto tiempo.

Las razones de esta ola que va a romper encima de esa vieja industria financiera son sencillas de entender:
- **Servicios caros**: comisiones altas y muchas ocultas.
- **Ineficientes:** no mejoran lo que puedas hacer tu ni son buenos gestores de tu dinero en tema de inversiones.
- **Opacos:** comisiones ocultas, información superficial y sesgada para engañarte, redes bancarias endogámicas y confluencia de intereses.

La banca europea estima que en 2020 el entorno digital será el principal canal de interacción con la pequeña empresa. Esto sumado a que se está dando un cambio generacional sociológico y económico muy importante, el *"Mileniall disruption"*[4] — una generación que interactúa con estos intermediarios[5] exclusivamente a través de una pantalla con unos intermediarios, Google, Amazon, Facebook, Apple — los conocidos como GAFA, que los conocen mucho mejor que los intermediarios financieros — apunta a un cambio que nos ofrece grandes oportunidades a las personas de "a pie".

En este libro voy a explicarte cómo funciona una de esas grandes oportunidades ofrecida por uno de los sectores *Fintech*; el «*Crowdfunding de préstamos*» o «*Crowdlending*»[6].

Vamos a ver paso a paso cómo invertir en los préstamos que ofrecen sus plataformas de la misma forma que lo hacen los profesionales. Explicado de forma sencilla, desde lo más básico a estrategias más elaboradas, está dirigido y concebido para cualquier persona sin ningún tipo de conocimiento financiero previo.

Cuando termines de leer este libro sabrás invertir en un activo seguro, con una rentabilidad atractiva y de fácil compresión.

Es posible si lo haces como un profesional, con una metodología sencilla, estable y eficaz.

4 http://estrategafinanciero.com/millenial-disruption-cambio-economico-generacional/
5 Los nuevos actores *Fintech* están creando lo que se conoce como *"Unbundling of a bank"*, que es una desagregación de los servicios financieros pensando en el cliente y que la vieja industria ofrece con altos costes, ineficiencia y opacidad.
6 Algunas plataformas y *sites* también lo denomina «*Marketplacelending*». En este libro nos referiremos a él como «crowdlending» de forma general.

ASPECTOS BÁSICOS

ASPECTOS BÁSICOS

¿QUÉ ES EL CROWDLENDING?

El crowdfunding es un método de financiación alternativa a los métodos tradicionales —como la banca o firmas de inversión— donde un grupo amplio de personas, el *crowd*, financia mediante pequeñas aportaciones, el *funding*, un proyecto de una empresa o persona.

El crowdfunding en la manera que lo conocemos actualmente es un fenómeno que comenzó en Estados Unidos y Reino Unido hace menos de una década[7], que se está propagando por todo el mundo y que ha venido para quedarse, con un crecimiento imparable. Esto se debe a las innumerables ventajas y beneficios económicos que aporta tanto para los proyectos financiados como para los ahorradores que prestan.

El precursor del crowdfunding son las donaciones para causas benéficas en las que todos hemos participado alguna vez, desde una recaudación de la comunidad de vecinos para hacer frente a un arreglo del edificio, hasta las donaciones a organismos sin ánimo de lucro que ayudan a países del tercer mundo.

7 Wikipedia_(https://es.wikipedia.org/wiki/Micromecenazgo) pone algunos ejemplos puntuales anteriores a esta fecha como precursores de lo que vendría luego.

Lo que ha añadido este nuevo crowdfunding es la aplicación de internet y su escalabilidad:

- Reducidas barreras de entrada.
- Tecnología barata.
- Sencillez del sistema de aportaciones.
- Interconexión mundial que llega a todos los rincones.
- Promoción.
- Transparencia. Mucha transparencia.

Se basa en la confianza y si no se logran los objetivos se devuelve el dinero y no se cobra nada. La red 2.0. castiga a aquel que no cumple con lo prometido, en ese sentido goza de una democracia y transparencia como antes no la hemos conocido. Es el mejor antídoto contra prácticas dudosas, ineficiencia, costes ocultos o pérdida de tiempo.

EXISTEN 4 TIPOS DE CROWDFUNDING

1. **Donaciones o mecenazgo.** Los mecenas donan una cantidad de forma totalmente altruista, sin contrapartida.

2. **De recompensas.** Los mecenas entregan una cantidad de dinero a cambio de un producto, servicio o experiencia. Este es el "crowdfunding clásico", el que conoce todo el mundo, se ha aplicado con éxito a proyectos artísticos (musicales, cine, editorial) en definitiva proyectos de difícil financiación tradicional o con un propósito no puramente económico. En su vertiente de innovación funciona como un *marketplace* de preventa para saber si el producto que desarrollan tiene mercado o interés por parte de clientes potenciales.

Esto es fundamental para el desarrollo de productos y empresas innovadoras basados en el modelo *lean*; ofrecen el "producto mínimo viable"[8] que están desarrollando y si no interesa o sus características no son las adecuadas entonces pivotan, modifican algunas de sus características o cambian de estrategia rápidamente antes de que sea demasiado tarde. En el mundo anglosajón se ha aplicado con mucho éxito al mundo startup, el caso más conocido es el de kickstarter[9] en Estados Unidos.

3. **De inversión o «equity crowdfunding».** Aquí el que presta dinero ya no es mecenas sino inversor, este invierte una cantidad fijada por el proyecto financiado a cambio de unas participaciones de la empresa, un porcentaje de la facturación o un porcentaje de los beneficios. También se le denomina *Crowdequity*.

4. **De préstamo o «crowdlending».** El inversor presta una cantidad de dinero y posteriormente recupera lo prestado más unos intereses. Se trata de un préstamo con unos intereses competitivos, el proyecto se financia rápido y con mucha flexibilidad y el inversor obtiene una rentabilidad más atractiva que cualquier producto financiero bancario.

Este último tipo, el crowdlending, o crowdfunding de préstamos es en el que nos vamos a centrar y aprender a utilizar como instrumento de inversión. Es importante hacer esta clasificación porque la mayoría de

---

8 http://estrategafinanciero.com/producto-minimo-viable-desarrollo/
9 https://www.kickstarter.com/ . Merece la pena la señalar el éxito arrasador del *smartwatch* de *"Pebble"*.

las personas se confunden, les suena el crowdfunding, pero a partir de ahí hay cierta confusión.

Es una idea muy sencilla: un grupo de personas —*crowd*— prestan dinero —*lend*— a una empresa o persona.

El crowdlending es un sistema de financiación no bancario que utiliza los préstamos como instrumento de financiación a través de una plataforma web en la red, donde un elevado número de inversores particulares —prestamistas— invierten su capital privado —prestan— en empresas o particulares —prestatarios— a cambio de un tipo de interés tras su devolución.

Las cantidades prestadas por los prestamistas pueden ser muy pequeñas, pero al ser muy escalable y barato, hay un grupo suficientemente amplio de personas que consigue financiar la cantidad requerida por la empresa o persona. Por su parte la empresa tiene que demostrar su calidad crediticia y nivel de morosidad para poder ser aceptada en la plataforma web donde se publica. De acuerdo a esa calidad se determina su nivel de riesgo y el rango de interés asociado al riesgo.

Se trata de una alternativa a los servicios bancarios y otros medios tradicionales, de ahí su nombre de financiación alternativa o inversión alternativa. Proporcionan mayor rapidez, flexibilidad, costes más reducidos para empresas con difícil acceso al préstamo bancario ordinario y a su vez ofrecen una rentabilidad muy atractiva al pequeño ahorrador que ve cómo su dinero no es remunerado y la única opción de intentarlo es hacerlo a través de inversiones de riesgo cuyo desenlace desconoce.

Casi la totalidad del interés que paga la empresa va a parar al inversor —prestamista—, ya que las estructuras de las plataformas de Crowdlending son mínimas y sus costes son cubiertos con una pequeña comisión de apertura para el prestatario o sobre una pequeña comisión de gestión para el inversor.

Además los mecanismos de análisis de riesgo son mucho más eficaces que los bancarios ya que la tasa de morosidad es mucho más baja y su precio real, el tipo de interés, lo pone el mercado, las personas que invierten mediante una subasta. No depende de la decisión arbitraria de ningún banco central ni de la política discrecional de ningún banco comercial y por lo tanto su riesgo y rentabilidad está correctamente reflejado.

LA NECESIDAD DE QUE CONOZCAS ESTE NUEVO ACTIVO DE INVERSIÓN

En mayo de 2015 hice una encuesta a los suscriptores de mi blog[10] donde les hacía 9 preguntas sobre su conocimiento del Crowdlending; en esencia quería saber si habían invertido y si no lo habían hecho por qué.

La encuesta resultó reveladora para mí y además era significativa ya que los suscriptores del blog son personas que, de una forma informal y en general por hobby, se preocupan por sus finanzas personales y en un grado menor están al tanto de lo que ocurre en los mercados financieros.

10 http://estrategafinanciero.com/

65%   24%   76%

CONOCE	>	¿INVIERTE?	>	CUESTIONA
El 65% si conoce en qué consiste el crowlending		Solo un 24% ha invertido		El 76% no invierte por:

El 76% no invierte por:

1. Falta de conocimientos

2. No conoce los riesgos reales

Casi la totalidad contestó que sería de gran ayuda una información clara y personalizada, sin embargo solo un 9% estaba dispuesto a hacer un micro pago por ello.

Finalmente hice la siguiente pregunta abierta:
"¿Qué es lo que realmente necesitarías para diversificar un % de tus inversiones en préstamos de Crowdlending y te quedaras tranquilo?"

Y las respuestas comunes fueron estas:
"Seguridad jurídica: Cómo actuar en cada caso"
"Buena calidad de la información (concreta y veraz) para tomar decisiones"
"Confianza"
"Seguridad (de la inversión y la plataforma)"
"Poder valorar correctamente el riesgo que se asume"
"Entender claramente cómo se puede evitar el perder el capital y qué hacer en caso de mora"
"Dejar bien claro el funcionamiento, la «letra pequeña»"

Como se refleja en este "mini estudio de mercado", las personas echan en falta un conocimiento más profundo de (1) el funcionamiento del Crowdlending, (2) las plataformas y (3) las inversiones. Reclaman una seguridad jurídica y no saben qué hacer en caso de que el préstamo en que se invierte sea impagado.

Esto está en consonancia con algunos estudios[11] en los que se refleja un alto interés por invertir en crowdfunding pero donde hay ciertas barreras para dar el salto, en concreto la desconfianza, garantías, seguridad jurídica y funcionamiento de la plataforma.

Este libro trata de ser una guía precisa para poder mitigar todas estas dudas y preocupaciones; veremos una serie de soluciones y técnicas para evitar todos ellos y sacar el máximo rendimiento a tu dinero con la máxima garantía, seguridad y confianza.

TIPOS DE CROWDLENDING

Existen dos tipos de crowdlending y es crucial diferenciarlos porque desde un punto de vista de inversión son activos con características muy diferentes:

- **Los préstamos de personas a empresas**. Peer To Business (P2B).

- **Los préstamos de personas a personas**. Peer To Peer (P2P).

---

11 Reseñable el estudio *El crowdfunding y los españoles. Una historia social.* Con una encuesta a más de 4.000 personas entre 18 y 60 años. http://es.slideshare.net/twomuchrs/el-crowdfunding-y-los-espaoles

Aunque los dos son el mismo tipo de activo financiero, préstamo, debemos tener mucho cuidado de cuál escoger en nuestra inversión dependiendo del país donde nos encontremos, por razones de tradición y cultura financiera. Elementos que determinan el impacto de la morosidad, su utilización extendida y su aceptación como activo seguro.

El segundo de ellos está muy extendido en los países anglosajones, debido a que la cultura financiera allí es muy diferente a la hispana —España, Latinoamérica y países mediterráneos— y gran parte de la europea. Por ejemplo en Estados Unidos y Reino Unido la mayoría de estudiantes tienen que pedir préstamos para pagarse la universidad, básicamente para todos sus gastos e inversiones personales a partir de los 18 años y además la intermediación bancaria es mucho más baja.

FINANCIACIÓN EMPRESARIAL A TRAVÉS DE BANCOS (%)

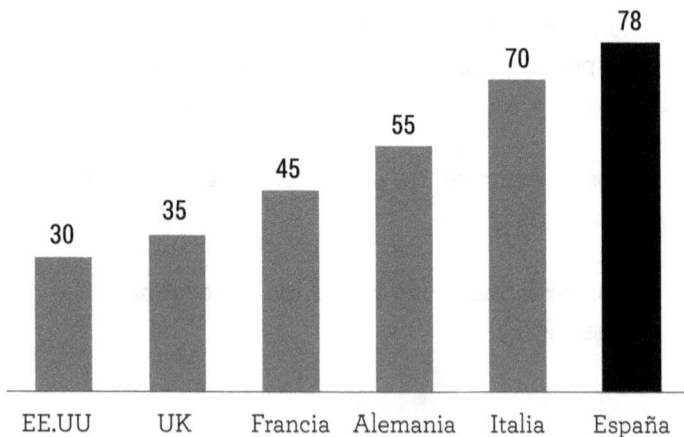

EE.UU	UK	Francia	Alemania	Italia	España
30	35	45	55	70	78

Fuente: CNMV

28

El mercado de capitales europeo salvo Reino Unido se caracteriza por su dependencia bancaria, a diferencia del mercado norteamericano que dispone de un mercado de financiación diversificado, donde el 70% se hace a través de mecanismos no bancarios.

Mientras que la financiación a largo plazo en la Unión Europea es bancaria respecto productos alternativos como el Crowdlending o Crowdequity, con porcentajes cercanos al 80%, en Estados Unidos solo le corresponde al 19%.

Dicha dependencia es más acentuada en el mercado español, en el cual, sólo un 20% de la financiación total se realiza vía alternativas de financiación frente al 55% de Alemania o 45% de Italia.

Teniendo en cuenta que las grandes empresas se financian a través de mercados secundarios de capital —bolsa— y deuda —bonos—, el porcentaje aplicado a las Pymes sería descomunalmente mayor. El 99% del tejido empresarial europeo está financiado casi al 100% por bancos.

Debido a estos factores el Crowdlending en Estados Unidos y Gran Bretaña es diferente del Crowdlending en otros países, tanto europeos como no europeos.

La financiación a particulares en los países no anglosajones fuera del circuito bancario se asocia a préstamos rápidos muy onerosos y a usuarios morosos, y los tipos de interés son muy altos —siempre de dos dígitos— lo que hace que no sean un activo ideal para el pequeño inversor, porque la seguridad y estabilidad desaparecen.

En este caso el Crowdlending se convierte en un activo más de renta variable con riesgo y ya no nos interesa.

Veamos el siguiente estudio comparativo de la "Morosidad en plataformas internacionales referentes en Crowdlending"[12]:

Plataformas	Ratio morosidad	Prestatario	País
Prosper	7.00%	Persona	Estados Unidos
LendingClub	4.30%	Persona	Estados Unidos
Auxmoney	2.60%	Persona	Alemania
CreditEase	2.00%	Persona y Empresa	China
FundingCircle	1.40%	Empresa	Reino Unido
Afluenta	1.30%	Persona y Empresa	Argentina
RateSetter	0.30%	Persona	Reino Unido
Zopa	0.20%	Persona y Empresa	Reino Unido
Media	**2,39%**		

Como puedes apreciar la morosidad a empresas es muchísimo más baja que a personas físicas. El máximo ratio de morosidad para empresas es del 2% en China y es una plataforma donde también se presta a personas. En FundingCircle es del 1,4% y en Zopa del 0,2%. En cambio Prosper y LendingClub[13], las dos plataformas más importantes de EEUU, tienen un ratio del 7% y 4,3% respectivamente.

12 *Crowdfunding de préstamos para PyMEs en España: Un análisis empírico*, 2015, de J. Roig Hernando y J.M. Soriano Llorera, http://upcommons.upc.edu/e-prints/bitstream/2117/26049/1/33112.pdf
13 Recientemente ha comenzado a prestar también a empresas.

No se puede evaluar la situación financiera y de capacidad de pago de una persona, es imposible de saber a menos que seas una entidad financiera —que lo estima gracias a sus enormes bases de datos—.

	P2B	P2P
Cuantía	> 25.000€	< 5.000€
Riesgo	Medio-Bajo	Alto
Rentabilidad	4% - 6,5%	7% - 10%
Garantía	Si	No
Vencimiento	Corto, medio y largo plazo	Corto plazo

Sin embargo si puedes saberlo sobre una empresa; presenta sus cuentas anuales, otros estados financieros, información fiscal actualizada y recurrente, información mercantil estandarizada y tienen informes externos de historial de pagos, incidencias jurídicas y calidad crediticia.

En un futuro no muy lejano la mayor integración de diversos datos personales y la mayor utilización de transacción a través de este medio hará que algunas plataformas desarrollen algoritmos automáticos que den un *scoring* crediticio muy fiable sobre las personas. Algunas empresas como la española *Spotcap*[14] que concede financiación a autónomos y pequeñas empresas en varios países o la californiana *BTCJam*[15] que concede financiación a *marketers* que operan en *Ebay* o de forma individual a través de bitcoins, ya lo están haciendo.

No obstante esta información es heterogénea, caótica, dispersa y no está integrada en un lenguaje estanda-

14 https://www.spotcap.es
15 https://btcjam.com/

rizado financiero y por lo tanto no es fiable. Los datos integrados por la mayoría de nosotros todavía tienen que mejorar muchísimo y ser transformados en información financiera homogénea que siga unos cánones de reconocimiento mercantil por parte del inversor. Por ahora son los usuarios anglosajones los que más integrados tienen en sus hábitos la utilización de internet y por lo tanto ofrecen una mejor información para que los algoritmos antes citados predigan con cierta aproximación la calidad crediticia como prestatarios. Aún queda camino por recorrer para equiparar ambas informaciones financieras para tomar decisiones sobre ellas; las que ofrece una empresa y la que ofrece una persona al mercado.

Por estas razones nos vamos a centrar en el Crowdlending de empresas o Peer to Business (P2B). Fiabilidad, estandarización y seguridad.

El crowdlending ofrece a las empresas un nuevo vehículo de deuda desintermediada, capacidad de contribuir a la financiación de los segmentos con menor acceso a los mercados financieros, como es el caso de las pymes. Muchos autores —entre ellos estudios de la Comisión Europea— evidencian que las plataformas son una herramienta eficiente en la promoción de los sectores económicos. El crowdfunding de préstamos corresponde a la recaudación de fondos destinados al sector privado, canalizados mediante las tecnologías de la información y aportados por un elevado número de ahorradores.[16]

---

16 Haldane, 2013 y la Comisión Europea, 2014a y 2014b). No obstante, McCahery y Vermeulen (2014), Gajda y Mason (2013), De Buysere et al. (2012) y Ramos et al. (2013)

De esta forma se canaliza el ahorro de personas como tú a necesidades de las pymes; ellas diversifican y desintermedian y tú obtienes una rentabilidad muy atractiva invertida en economía real. Las plataformas al tener estructuras muy pequeñas de personal y costes fijos muy bajos, se quedan una cantidad muy pequeña en ese tránsito del pago que realiza la empresa y el que recibes.

CÓMO FUNCIONA

Necesidad financiación

Una empresa necesita financiación.

Publicación proyecto

Una plataforma en internet publica el proyecto.

Inversores prestan

Un grupo de personas prestan pequeñas cantidades a ese proyecto, hasta alcanzar en su conjunto el importe requerido Para estas personas, ese ahorro prestado se convierte en una inversión con rentabilidad.

Alcance objetivo del proyecto

El préstamo se formaliza cuando el proyecto llega a un 80% de importe objetivo dentro del plazo publicado por la plataforma.

Devolución préstamo

La empresa va devolviendo la totalidad del préstamo en cuotas al tipo de interés medio.

Recepción cuotas junto con intereses

Los inversores reciben el interés por el que han pujado*.

*Por ejemplo si has ofrecido 200 euros al 9% y ha sido aceptado, serás remunerado en ese 9%. Sobre esto hablaremos más detenidamente luego.

VENTAJAS PARA LA EMPRESA QUE SE FINANCIA

1. **Fácil de solicitar y muy ágil.** La mayoría de plataformas te responden en 48 horas.
2. **Fuera de la intermediación bancaria (desintermediación).** No les piden que abran cuentas corrientes, domicilien nóminas, contraten seguros, swaps, etc.
3. **El riesgo no aparece en la CIRBE.** Es un riesgo que no aparece en la central de riesgos del Banco de España, y por lo tanto no cuenta para financiación bancaria o de otro tipo adicional.
4. **Tipos de interés atractivos sin venta cruzada.** Las comisiones de apertura son mucho más bajas, no hay comisiones de comunicación, ni gastos de notaría en hipoteca.
5. **No tienen venta cruzada de otros productos.** No tienen la obligación de contratar otros productos del banco como nóminas, seguros, swaps, tarjetas de crédito. Se sabe que para que la financiación de un banco sea rentable tiene que dejar al menos un 10% de margen. Si no llegan a ese 10% con un producto, como un préstamo al 6%, imputan al menos un 4% de forma oculta en el propio producto y/o a través de otros productos, lo que se conoce como venta cruzada o *cross-selling*.

En países como EEUU donde se consume muchísimo mediante tarjeta de crédito, el crowdlending P2P está teniendo mucho éxito porque es hasta un 70% más barato.

6. **El coste total real de un préstamo mediante crowdlending es más bajo**[17]

7. **Acceso a la financiación a segmentos de empresas con mayores dificultades para obtener financiación.**

	Entidad financiera		Crowd-lending
	A-B	C	B
Coste de interés	5,0%	6,3%	6%
Comisión apertura	0,5%	0,5%	1,5%
Comisión estudio	0,5%	0,5%	0%
Comisión formalización	0,3%	0,3%	0%
Comisión cancelación	0,5%	0,5%	0%
Notario, registro, AJD	0,3%	0,3%	0%
Cancelación anticipada	0,6%	0,6%	0%
Total	7,7%	9%	7,5%

8. **En España se pueden financiar hasta 2 millones de euros y 5 millones con inversores acreditados.** Más que suficiente para cualquier pyme y el segundo límite para proyectos de gran envergadura.

9. **Flexibilidad y control.** La empresa controla en todo momento su préstamo y pueden cancelarlo de forma autónoma.

10. **Economía colaborativa.** Construcción de una comu-

---

17 Datos sacados del estudio *Crowdfunding de préstamos para Py-MEs en España: Un análisis empírico*, 2015, de J. Roig Hernando y J.M. Soriano Llorera. http://upcommons.upc.edu/e-prints/bitstream/2117/26049/1/33112.pdf. Con elaboración propia y modificaciones a la parte de Crowdlending. Puntualizar que algunas plataformas firman ante notario en función de algunas variables como el importe y la duración. Los datos son una media pero pueden cambiar.

Crowdlending. **Aspectos Básicos**

nidad de inversores y personas que siguen el proyecto e invierten en él.

11. **Publicidad para la empresa en plataformas que albergan tráfico cualificado.**
12. **No requiere de hipotecas sobre inmuebles al estilo de las bancarias.** A veces se requiere de avales personales para garantizar el préstamo y que este tenga mejor puntuación de riesgo, pero nada que ver con las hipotecas permanentes de la banca (ni notarías).
13. **No hay penalizaciones por el pago anticipado.**
14. **Control sobre los datos que se exponen por parte de la empresa**

VENTAJAS PARA EL INVERSOR

1. **Tiene una rentabilidad muy atractiva.** Esta es la rentabilidad media para el ejercicio 2013-2014 en el caso de España[18].

Va en consonancia con las otras plataformas que veremos, con rentabilidades entre el 4,5% y el 9%. También son consistentes con las rentabilidades de plataformas líderes a nivel global como *FundingCirle*[19]

Scoring	A	B	C	Media
Rentabilidad bruta media 2013-1014	6,3%	7,6%	8,2%	7,4%

o *RateSetter*[20] que reportan una rentabilidad media neta del 6,4% y del 6,2% respectivamente. Hay que te-

18 Datos sacados del estudio *Crowdfunding de préstamos para PyMEs en España: Un análisis empírico, 2015,* de J. Roig Hernando y J.M. Soriano Llorera. Datos originales del la plataforma Arboribus.
http://upcommons.upc.edu/e-prints/bitstream/2117/26049/1/33112.pdf
19 https://www.fundingcircle.com/es/
20 https://www.ratesetter.com/

ner en cuenta que hay que deducir entre un 0% y un 1,5% de gastos de gestión de la plataforma.

Esto va en consonancia con el tipo medio conseguido en los informes que elaboro en mi blog, que hasta la fecha han conseguido un tipo del 7,95% antes de impuestos. Es decir, préstamos con una calidad crediticia entre A y B.

Según esta clasificación de *Prosper*[21] y *LendingClub*[22]:

PROSPER		LENDING CLUB	
Scoring	Tipo de interés	Scoring	Tipo de interés
AA	6% - 9%	A	6% - 10%
A	10% - 12%	B	11% - 14%
B	13% - 16%	C	15% - 17%
C	17% - 21%	D	19% - 20%
D	22% - 25%	E	22% - 24%
E	27% - 30%	F	23% - 28%
HR	31% - 36%	G	29% - 30%

21 https://www.prosper.com/ (datos actualizados a 03/2015)
22 https://www.lendingclub.com/ (datos actualizados a 03/2015)

Como dicen en el conocido blog de crowdlending *The lending mag*[23]:

"Los inversores que invierten seguro y con bajo riesgo obtienen rentabilidades cercanas al 5%, mientras que los más agresivos obtienen rentabilidades superiores al 9%."

Y es que la rentabilidad está asociada al riesgo. Mayor rentabilidad, mayor riesgo y mayor probabilidad de pérdida. Por esta razón los inversores más agresivos, los que invierten al 30% acaban con una rentabilidad del 9%; han tenido que tener bastantes préstamos fallidos.

Nosotros nos vamos a centrar en préstamos a empresas y a tipos de interés entre el 4,5% y el 9%, porque son mucho más seguros y el ratio riesgo-beneficio es el mejor.

2. Riesgo de impago muy bajo

El cuadro que ves es para considerar múltiples escenarios. Una fotografía muy completa del riesgo en el tiempo.

RATIO DE MOROSIDAD SEGÚN CLASIFICACIÓN CREDICITARIA DE FUNDING CIRCLE (%)

	A+	A	B	C	C-	Total
Deuda morosa estimada 2014	0,6	1,5	2,3	3,3	5,0	2,3
Deuda morosa estimada L/P	1,2	3,0	4,6	6,7	11,0	4,5
Deuda morosa real	0,6	1,2	2,1	1,4	2,0	1,4

23 http://thelendingmag.com/

Los datos los han sacado para el periodo 2011-2013 de *FundingCircle* y el **ratio de morosidad es del 1,44%**. Muy bajo. Para que te hagas una idea, la tasa de morosidad real de la banca española tiene dos dígitos.

Hecho demostrado en un reciente estudio realizado por la Reserva Federal de Estados Unidos[24] , donde se concluye que la relación entre los préstamos y las tasas de morosidad en las plataformas de crowdlending y su comunidad es menor que la de los préstamos bancarios de no-comunidades de crowdlending.

3. El ratio rentabilidad-riesgo es muy alto[25]. Teniendo en cuenta el escenario de calificación B, obtenemos lo siguiente:

INVERSIÓN EN P2B VS. S&P500

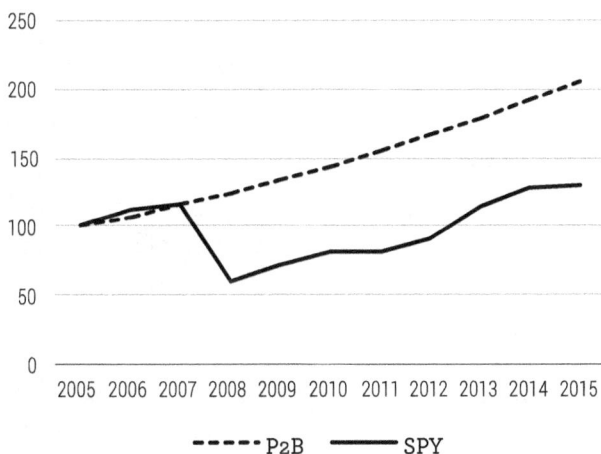

----- P2B ——— SPY

24 *"Credit and Liquidity Programs and the Balance Sheet"*, http://www.federalreserve.gov/monetarypolicy/bst_riskmanagement.htm
25 Para profundizar en este estudio ver http://estrategafinanciero.com/portfolio-inversiones-crowdlending-diversificar-peer-to-business-p2b/

Lo que vemos aquí es la comparación a 10 años (periodo 2005-2015) de invertir en el SPY[26] e invertir en préstamos crowdlending, suponiendo que perdemos el 2% de los préstamos en los que hemos invertido, es decir el 100% de ese 2% (que no es lo mismo que el 2% del 100%).

INVERSIÓN EN P2B VS. IBEX35

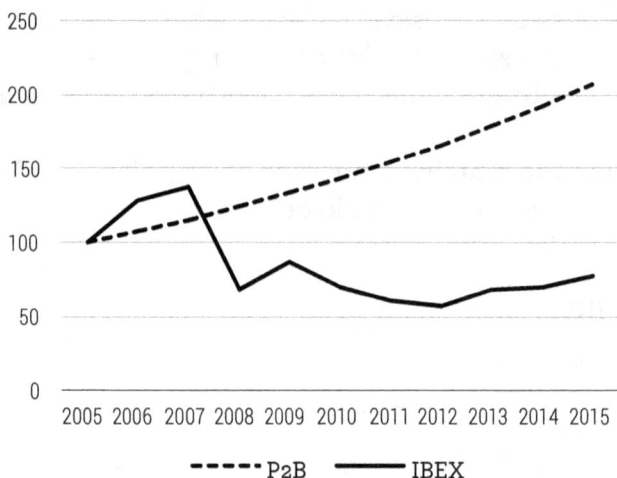

Si lo comparamos con el IBEX la diferencia todavía es mayor. Habría que quitar el efecto fiscal, del que hablaremos luego. Pero invertir en el IBEX no es precisamente la panacea. *Invertir en P2B siempre va a ser mejor a largo plazo.*

4. **Totalmente descorrelacionado con el resto de activos.** Este es un cuadro de un estudio elaborado por *LedingRobot*[27] a partir de los préstamos P2P en Estados Unidos.

---

26 El fondo cotizado que replica el S&P500
27 www.lendingrobot.com/static/media/other/howmuchtoinvest.pdf

CORRELACIÓN ENTRE LOS PRINCIPALES
ACTIVOS FINANCIEROS INCLUÍDO EN CROWLENDING

	Acc. USA	Acc. Asia	Acc. Europa	Small C. USA	Mercad Inmob.	Bonos USA	R.Fija C/P	Bonos alto rto	Crowd-lending
Acciones USA	1.00	0.85	0.88	0.96	0.82	0.08	0.09	0.75	0.19
Acciones Asia	0.85	1.00	0.88	0.80	0.69	0.14	0.14	0.67	0.14
Acciones Europ	0.88	0.88	1.00	0.82	0.71	0.14	0.15	0.70	0.14
Small Caps USA	0.96	0.80	0.82	1.00	0.86	0.07	0.07	0.72	0.13
Mercado inmobiliario	0.82	0.69	0.71	0.86	1.00	0.26	0.28	0.69	0.18
Bonos USA	0.08	0.14	0.14	0.07	0.26	1.00	0.76	0.32	-0.13
Renta Fija C/P(liquidez)	0.09	0.14	0.15	0.07	0.28	0.76	1.00	0.33	-0.02
Bonos alto rendimiento	0.75	0.67	0.70	0.72	0.69	0.32	0.33	1.00	0.01
Crowdlending	0.19	0.14	0.14	0.13	0.18	-0.13	-0.02	0.01	1.00

1. La correlación es total.

0. No hay nada de correlación.

-1. La correlación es total pero inversa.

Como puedes comprobar no hay absolutamente nada de correlación con el resto de activos —acciones americanas, acciones europeas, acciones de asiáticas, bonos del gobiernos, bonos corporativos y bonos de alto rendimiento—.

La descorrelación entre los activos que tienes invertidos es probablemente el elemento más importante a la hora de tener invertido el conjunto de tu dinero. De forma que si el mercado de acciones de renta variable (acciones) se desploma, el resto no haga lo mismo. Si no está descorrelacionado es como si "metieras todos los huevos en la misma cesta", aunque sean de color diferente.

Este cuadro resumen nos está diciendo que si maña-na se derrumban las bolsas, tus inversiones en prés-tamos mediante Crowdlending van a seguir funcio-nando igual de bien y te van a seguir dando la misma rentabilidad.

5. **Reduce la volatilidad de su cartera de inversión.** La volatilidad de la simulación que he hecho para el perio-do 2005/2015, tenien-

Volatilidad anual P2B	2,55%
Volatilidad anual IBEX	23,77%
Volatilidad anual SP	20,55%

do en cuenta que perdemos el 2% de nuestras inver-siones, es del 2,55% anual frente al 23,77% del IBEX o el 20,55% del SP.

Esto quiere decir que tener una parte de tu ahorro en préstamo mediante Crowdlending *aporta estabili-dad* a dicho ahorro invertido, pues al reducir la vo-latilidad total de tu cartera o portfolio se reducen las variaciones en su valor a lo largo del tiempo.

La baja volatilidad junto con la total descorrelación hacen del crowdlending una inversión ideal para te-ner en nuestra cartera de inversiones.

En definitiva, da estabilidad a tu ahorro invertido, a tu cartera o portfolio de inversión.

6. **Relativamente fácil de entender.** La idea es sen-cilla; personas que prestan a una empresa o a otras personas, y ese préstamo se devuelve con un tipo de interés acordado (en subasta).

Las plataformas de internet son muy intuitivas y todo el proceso de alta y transferencia de dinero se realiza en menos de 5 minutos.

Es mucho más sencillo de entender que el resto de inversiones —acciones, fondos, bonos, etc—. El ciudadano medio tiene la posibilidad de invertir sin la exigencia de tener grandes conocimientos de los mercados financieros.

7. **Barreras de entrada muy bajas.** La primera barrera baja es la anterior, no se necesitan grandes conocimientos, el ciudadano medio puede hacerlo.

La otra gran barrera de entrada que ha bajado hasta el suelo es la cantidad de dinero inicial necesaria para empezar; generalmente entre 20 euros y 50 euros. Con 20 -50 euros puedes invertir en tu primer préstamo.

Esto es crucial para comenzar en este tipo de inversiones, puedes empezar con poquito y ampliar de forma muy gradual. Esto es una gran ventaja.

NO MOVER TU DINERO

Las 10 situaciones en las que no debes, bajo ningún concepto, mover tu dinero en temas de inversión:

1. Si no entiendes bien la inversión, no inviertas.
2. Si los riesgos de la inversión no están claros, no inviertas.
3. Si los costes de la inversión no están claros, no inviertas.

4. Evita las inversiones que no puedas recuperar en semanas o meses (liquidez).

5. No inviertas tu dinero en una institución o mediante un intermediario que te cobra una comisión a menos que tengas una segunda opinión independiente y formada.

6. Evita las inversiones que dicen "no tiene coste para ti" lo tendrán pero además el problema es que no sabes cuánto y de qué manera.

7. Las palabras "privado", "no traspasable" y similares indican unas comisiones y coste muy altos.

8. Evita los productos "inteligentes" o del estilo, porque solo son marketing "inteligente".

9. Una estrategia más compleja no es mejor; es más cara.

10. Cuando te llamen de tu entidad financiera para que inviertas en sus acciones huye como de la pólvora. Palabras como "ampliación de capital" o "nuevo producto sin riesgo" suele conllevar una bajada posterior en bolsa.

RUMBO A MARTE

En los países de cultura anglosajona, principalmente en Estados Unidos y el Reino Unido, las plataformas de crowdlending están fase de consolidación y han traspasado la barrera del *"death valley"* financiero.

En Europa —exceptuando el Reino Unido—, Oceanía, Japón y China, el sector del crowdfunding de préstamos se encuentra entre la fase de irrupción y auge.

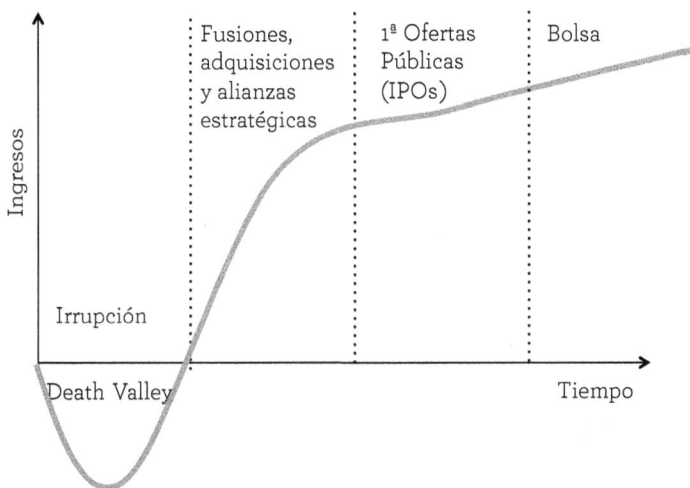

Ingresos

Fusiones, adquisiciones y alianzas estratégicas

1ª Ofertas Públicas (IPOs)

Bolsa

Irrupción

Death Valley

Tiempo

La financiación a través del crowdfunding para pymes se encuentra en un punto de inflexión donde transcurrirá de los ahorradores iniciáticos —*early adopters*— al público en general.

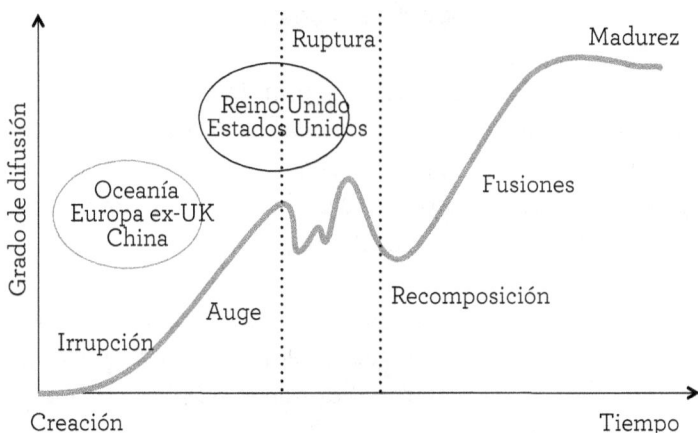

Grado de difusión

Ruptura

Madurez

Reino Unido
Estados Unidos

Oceanía
Europa ex-UK
China

Fusiones

Auge

Recomposición

Irrupción

Creación

Tiempo

SITUACIÓN DE LA INDUSTRIA.
LA REALIDAD EN DATOS

La industria del crowdlending está experimentando un crecimiento significativo en los países desarrollados con mercados financieros fuertes.

En Estados Unidos se financiaron 6.600 millones de dólares en 2014 (6,6 $ billions), con un crecimiento del 128% respecto al año anterior.

Estados Unidos es el mercado crowdlending más grande en volumen, pero Reino Unido es el mercado más grande en volumen de préstamos per cápita. En concreto un 72% más grande.

Esto se debe a tres razones:
1. **Baja confianza** en los bancos tradicionales (incluso antes de la crisis).
2. Alto grado de **comodidad** con las plataformas online.
3. Un **entorno regulatorio positivo**.

Europa va a ser el siguiente gran mercado de Crowdlending. El surgimiento de mercados alternativos financieros en Europa alcanzó durante 2014 un volumen de 3.000 millones de euros (3,5 $ billions) con un crecimiento respecto al año anterior del 144%.

Solo en Francia, este crecimiento para los pequeños negocios fue del 4.000% (8,2 millones de euros). Hablamos de una región (Europa) donde el 96-98% de las empresas son pymes.

Habrá que ver cómo reaccionan los bancos, puesto que ahora muchos de ellos quieren tener su plataforma o participar en este nuevo campo. Así tenemos a BBVA que participa en Prosper, Royal Bank of Scotland y Banco Santander han comenzado a utilizar a Funding Circle para financiar, de la misma forma que City Bank lo hace a través de Lending Club. También los grandes jugadores de internet (Facebook, Amazon, Google, Paypal, Alibaba etc) tendrán un papel importante en este cambio drástico.

Cifras resumen del volumen de préstamos realizados en Europa en 2014 mediante crowdfunding:

VOLUMEN Y CRECIMIENTO CROWDFUNDING EUROPEO
2012-2014 (millones €)

M€	Tasa crec. promedio	**146%**	Tasa crec. promedio	**115%**	Tasa crec. promedio	**159%**

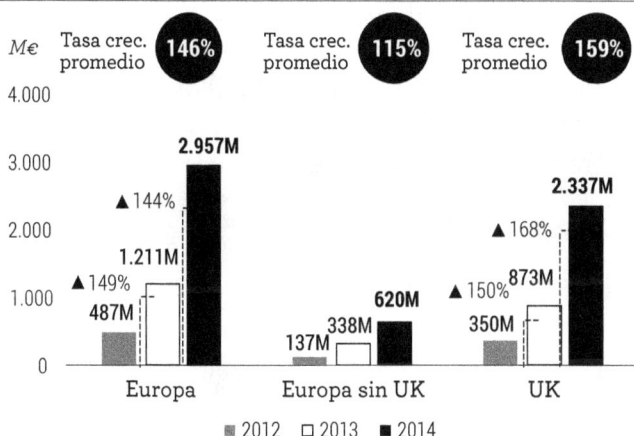

4.000

3.000 — **2.957M**

▲144% **2.337M**

2.000 ▲168%

1.211M

▲149% **873M**

1.000 ▲150%

487M **620M** **350M**

338M
137M

0

Europa   Europa sin UK   UK

■ 2012   □ 2013   ■ 2014

FUERZA DEL CROWDFUNDING PARA LAS PYMES EN EUROPA

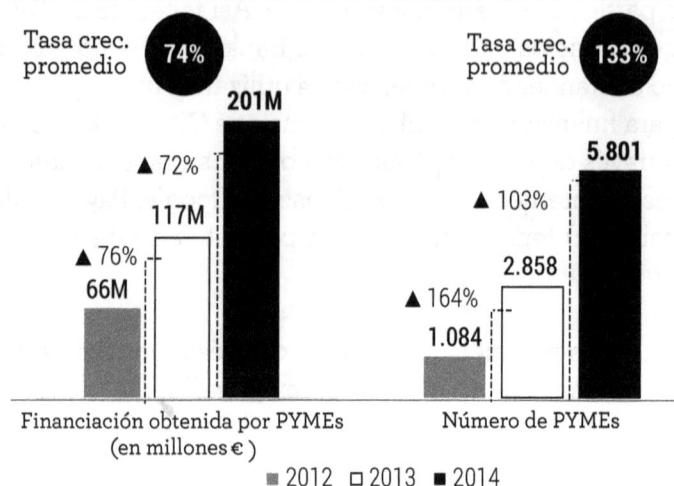

Tasa crec. promedio **74%**

▲ 72%

201M

117M

▲ 76%
66M

Tasa crec. promedio **133%**

▲ 103%

5.801

2.858

▲ 164%
1.084

Financiación obtenida por PYMEs (en millones €)

Número de PYMEs

■ 2012 ▢ 2013 ■ 2014

- Se prestaron 2.957 millones de euros.
- Crecimiento del 144% respecto a 2013.
- El volumen prestado para los países europeos sin incluir Reino Unido fue de 620 millones de euros.
- 201 millones fueron para financiar el lanzamiento, crecimiento y circulante de pymes y *startups*

Resumen del volumen y crecimiento de préstamos mediante Crowdfunding en Europa según su naturaleza excluyendo a Reino Unido:

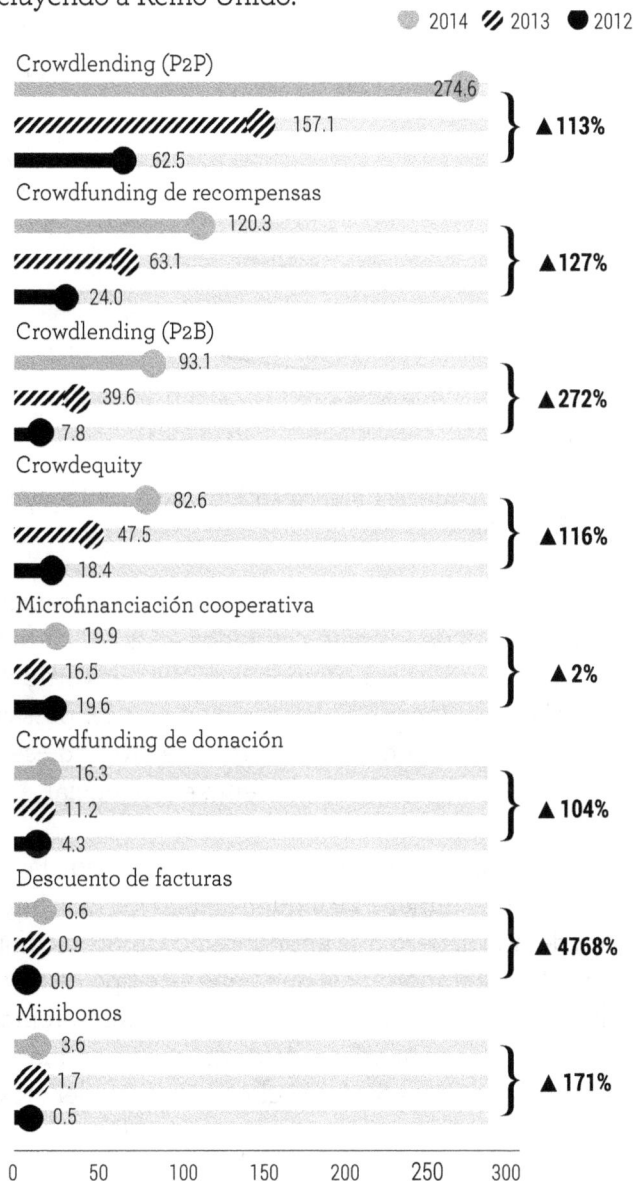

● 2014 ⧄ 2013 ● 2012

Crowdlending (P2P)

274.6
157.1
62.5

} ▲113%

Crowdfunding de recompensas

120.3
63.1
24.0

} ▲127%

Crowdlending (P2B)

93.1
39.6
7.8

} ▲272%

Crowdequity

82.6
47.5
18.4

} ▲116%

Microfinanciación cooperativa

19.9
16.5
19.6

} ▲2%

Crowdfunding de donación

16.3
11.2
4.3

} ▲104%

Descuento de facturas

6.6
0.9
0.0

} ▲4768%

Minibonos

3.6
1.7
0.5

} ▲171%

0   50   100   150   200   250   300

Este es el volumen de financiación mediante crowdlending a finales de octubre de 2015 en Europa. Evolución y progresión asombrosas.

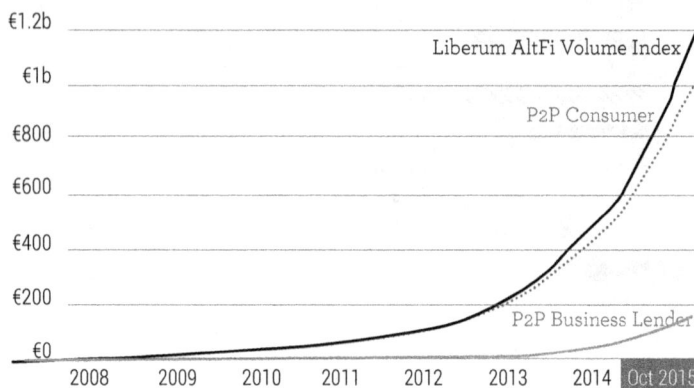

Fuente: *"Alt fi"*. Datos del gráfico en http://www.altfi.com/data/indices/EURvolume

Los datos para finales de 2015 suponen un incremento cercano al 100% de los datos cerrados en 2014. La financiación mediante las crowdlending en sus tres vertientes: préstamos a personas —P2P—, préstamos a empresas —P2B—, y descuento de facturas —*Invoice Trading*—se *duplican* respecto 2014. Un crecimiento exponencial.

Como se aprecia en el índice elaborado por la web *"Alt Fi"*, los préstamos P2P siguen siendo los más importantes, debido al peso que aporta Reino Unido al conjunto europeo y la importancia que tiene este tipo de crowdlending en ese país. Pero si miras con detenimiento el *"Peer to peer consumer"* se despega cada vez más del índice total, ese desacople es el crecimiento del crowdlending a empresas.

Estos son los números a 01/11/2015:

Última actualización 30/10/2015	Market Share (últ. 3 meses)	Total acumulado	Último mes	Año en curso (Ene15 - Oct15)
Liberum AltFi Volume Index		1,200,678,526 € 105.09%	51,077,086 € 75.10%	476,052,593 € 113.09%
P2P Lenders	100%	1,200,678,526 € 105.09%	51,077,086 € 75.10%	476,052,593 € 113.09%
P2P Consumer	81%	1,034,697,409 € 97.23%	45,432,790 € 80.14%	394,804,498 € 112.43%
P2P Business Lenders	15%	156,659,032 € 157.58%	5,644,296 € 50.43%	81,248,095 € 116.49%
Invoice Financing	2%	9,322,086€ 0.00%	0 € 0.00%	9,322,086€ 308.63%

Como puedes apreciar todos están por encima del 100% de crecimiento en 2015 sobre el 2014. En los 10 primeros meses de 2015 se han duplicado los números de 2014 en Europa. El préstamo entre particulares P2P sigue siendo el más importante.

Distribución del volumen de préstamos crowdlending por países en Europa:

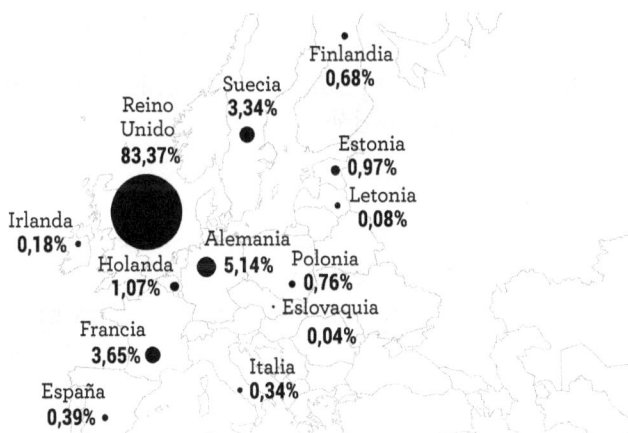

Finlandia **0,68%**

Suecia **3,34%**

Reino Unido **83,37%**

Estonia **0,97%**

Letonia **0,08%**

Irlanda **0,18%**

Alemania **5,14%** Polonia **0,76%**

Holanda **1,07%**

Eslovaquia **0,04%**

Francia **3,65%**

Italia **0,34%**

España **0,39%**

Fuente: http://www.altfi.com/data/indices/EURvolume

Este gráfico muestra el volumen de préstamos mediante crowdlending en lo que va de año 2015 actualizado al 01/11/2015. Reino Unido el rey indiscutible de la financiación alternativa mediante crowdlending en Europa, moviendo el 83,4% del volumen total.

PRINCIPALES PLATAFORMAS DE CROWDLENDING

ESTADOS UNIDOS

- **Prosper**[28]. Fue la primera de todas en aparecer en 2007. Ha prestado más de 2.000 millones de dólares y tienes 2,2 millones de usuarios. Tiene participación de institucionales como BBVA.
- **Lending Club**[29]. Apareció poquito después en el mismo 2007. Ha prestado ya la friolera de 3.000 millones de dólares y cotiza en bolsa americana (NYSE) desde 2014 (IPO). Tiene participación de Google, Alibaba e institucionales.
- **Upstart**[30]. Otra sacada de la factoría de Sillicon Valley y fundada por exempleados de Google. Funciona desde 2012.
- **Sofi**[31] Fundada en 2011 en California. Ha prestado 3.000 millones de dólares.

REINO UNIDO

- **Funding Circle**[32]. A diferencia de las estadounidenses, está centrada en los préstamos a pequeños negocios, peer to business, y responde a los modelos

28 https://www.prosper.com
29 https://www.lendingclub.com
30 https://www.upstart.com
31 https://www.sofi.com
32 https://www.fundingcircle.com

de financiación europeos. Tiene 40.000 inversores entre los que se encuentran bancos e instituciones. Han prestado 1.000 millones de euros repartidos en 8.000 empresas. Recientemente han adquirido la alemana Zencap y son la principal plataforma de Crowdlending de empresas de Europa.

- **RateSetter**[33]. Fundada en 2009, ha permitido al financiación de 860 millones de libras con un millón de usuarios registrados.
- **Zopa**[34]. Fundada en 2004, ha prestado más de 1.100 millones de libras entre 110.000 personas.
- **LendInvest.**[35] Fundada en 2008, especializada en préstamos para la adquisición de inmuebles, lleva prestados más de 420 millones de libras entre más de 1600 familias.
- **Market Invoice**[36]. Líder en financiación mediante descuento de facturas. A octubre de 2015 han prestado 550 millones de libras. El propio gobierno británico la ha utilizado para que el crédito llegue a las pymes.
- **Platform Black**[37]. Plataforma de descuento de facturas. Fundada en 2011, ya ha prestado 110 millones de libras.
- **Prodigy Finance**[38]. Fundada en 2007, está dedicada a facilitar la financiación de MBAs y postgrados a estudiantes. Ha financiado 110 millones de dólares a 3000 estudiantes de 92 nacionalidades.

33 https://www.ratesetter.com/
34 http://www.zopa.com/
35 https://www.lendinvest.com
36 https://www.marketinvoice.com/
37 http://www.platformblack.com/
38 https://prodigyfinance.com/

ESPAÑA

Lo veremos en la última parte del libro con más detenimiento. De momento adelantarte que las plataformas más importantes de crowdlending P2B[39] son **Arboribus, Loanbook, Growly, MytripleA, Ecrowd, Circulantis** y **Finanzarel**.

OTROS PAÍSES

- Francia: *Unilend, Lendix, Pret D'union, Finexkap*
- Alemania: *Auxmoney, Lendico.*
- Italia: *Prestiamoci, Smartika*
- Holanda: *Lendahand, Geldvoorelkar*
- Estonia: *Bondora, EstateGuru*
- Letonia: *Mintos*
- Polonia: *Finansowo, Kokos*
- Finlandia: *Fixura*
- Suecia: *TrustBuddy*
- Eslovaquia: *Zlty Melon*
- Israel: *ELoan, Tarya, BLender, CreditPlace, Incredita.*
- Canadá: *Grouplend*
- Australia: *SocietyOne, DirectMoney*
- Mexico: Kueski, Prestadero, Kubo Financiero
- Argentina: Afluenta
- Chile: Cumplo
- China: *Creditease*

Para un análisis más profundo y actualizado te recomiendo que visites:

- **Alfi** (www.altfi.com). Análisis, índices y multitud de recursos sobre toda la industria *fintech*.

---

39 Las plataformas de crowdlending P2P (entre personas) más importantes en España son Comunitae (líder), Zank, Lendico y Receptum.

- **Crowdmapped** (www.crowdmapped.com). Puedes visualizar en mapas por países de todo el mundo las plataformas existentes.

- **Crowdsourcing** (www.crowdsourcing.org). Hay mucha investigación documentada y diferentes estudios.

DESARROLLO A DIFERENTES VELOCIDADES: IRRUPCIÓN, AUGE Y CONSOLIDACIÓN

En octubre de 2015 se anunció en el evento *Lendit Europe*[40] que la plataforma alemana *Zencap* pasaba a integrarse en la británica *Funding Circle*[41]. Una adquisición en toda regla, que permitía a *Funding Circle* ser la plataforma líder en Europa de crowdlending a empresas —*Peer to Business* o *P2B*—.

Este hecho relevante da la pauta de dos elementos importantes:

1. Se están definiendo quienes van a ser los **actores principales** durante los próximos años.
2. El sector está en **fase de consolidación** de acuerdo a su ciclo de vida.

SE DEFINEN LOS ACTORES PRINCIPALES

Las plataformas que se han creado en esta primera fase en Europa durante los últimos 5 años— periodo 2010-2015 y han sobrevivido son las que van a estar en prime-

40 http://www.lendit.co/europe/2015
41 https://www.fundingcircle.com

ra línea y las que van a definir los movimientos de esta nueva industria.

Las nuevas plataformas que quieran entrar y no lo han hecho ya, lo van a tener realmente complicado, solo plataformas impulsadas por grandes fondos de inversión o bancos podrán tener posibilidades debido a sus recursos, y aun así será complicado porque aquí hay un factor clave que escapa a la pura lógica financiera; el factor social y la confianza del usuario.

En mayor o menor plazo de tiempo vamos a ver una segunda fase que parece estar empezando con este movimiento, de fusiones y adquisiciones.

Como en todas las nuevas industrias hay una primera fase de aparición complicada, seguida de un auge, una ruptura y recomposición y finalmente una madurez. Etapas con metas y horizontes diferentes.

Como hemos visto al inicio de este epígrafe, las plataformas de crowdlending que hoy operan han superado el conocido como *"Death Valley* financiero" —valle de la muerte—; la dificultad de encontrar capital para mantener el crecimiento. En España como ha comenzado un poquito más tarde todavía no se ha cerrado esta etapa, pero está claro que se está cerca de ello.

DIFERENTES RITMOS DE DESARROLLO

Las etapas de desarrollo de esta nueva industria están teniendo diferentes velocidades. *Zopa*[42] en Reino Unido, la primera plataforma de crowdlending entre particula-

---

42 http://www.zopa.com/

res —*peer to peer* o *P2P*— comenzó a funcionar en 2005, aunque las plataformas de préstamos a empresas aparecieron más tarde, la propia *Funding Circle* en 2010.

En el caso de España no fue hasta 2013 cuando Arboribus[43] formalizó el primer préstamo a una empresa mediante este modelo. Y hubo que esperar finales de 2014 cuando empezaron a funcionar con cierta actividad las plataformas que hoy protagonizan el panorama nacional.

En el caso de Reino Unido están entre la consolidación y la madurez; una etapa donde el mercado se recompone con fusiones y adquisiciones y toma nuevas dimensiones, con desarrollos financieros en otras áreas del *marketplace lending*[44] que otros países todavía no han adoptado, como por ejemplo los *"minibonds"*[45] que han implantado con éxito en la plataforma británica *Crowdcube*[46].

En España todavía estamos en una etapa más temprana, aunque los ritmos los marca Europa y el grado de adaptación y alineación de los más rezagados a los líderes y entre los distintos países es cada vez rápido, tanto en adopción de nuevas tecnologías e industrias como el normativo en el entorno global.

---

43 https://www.arboribus.com . El primero en hacerlo a una persona (P2P) fue 'Comunitae' en 2009.
44 Nombre que se le da al crowdlending últimamente, debido a que aparte de los préstamos tradicionales también se financia facturas ("Descuento de facturas" o *"Invoice Trading"*) y otros vehículos de financiación como los mini-bonos créditos de disposición para circulante.
45 http://estrategafinanciero.com/mini-bonos-alternativa-inversion/
46 https://www.crowdcube.com/

COMENZAR A INVERTIR
FUNCIONAMIENTO

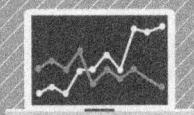

COMENZAR A INVERTIR
FUNCIONAMIENTO

PROCESO DE ALTA EN UNA PLATAFORMA

El proceso de alta es extremadamente sencillo, es como darse de alta en una red social o cualquier portal de internet, un procedimiento de alta estándar de cualquier web 2.0.

En un primer momento tan solo tienes que introducir tus datos personales y una dirección de correo electrónico. En una segunda parte, para poder prestar, te piden una copia de tu documento de identidad escaneado —o mediante foto del mismo con el teléfono personal—y te dan su número de cuenta para depositar dinero.

Y ya está. El proceso completo no lleva más de cinco minutos.

LA SUBASTA Y EL "MARKETPLACE"

El *"marketplace"* es el lugar de la web donde se exponen los créditos a financiar. La "subasta" es el proceso de oferta de los inversores para financiar un préstamo. En muchos medios y webs utilizan las dos palabras indistintamente.

Al acto de ofertar como inversor se le denomina "pujar".

Otras plataformas no utilizan el sistema de subasta por considerarlo ineficiente y directamente establecen un tipo de interés único.

Ejemplo de oferta o "puja" de una subasta, en la plataforma española **Grow.ly** (www.grow.ly):

Ejemplo de oferta o "puja" de una subasta, en la plataforma española **Arboribus** (www.arboribus.com):

En ocasiones no hay puja porque el tipo de interés es fijo o porque la propia plataforma lo establece así. En este caso es una inversión directa.

Ejemplo de oferta sin subasta, en la plataforma española **Ecrowd!** (www.ecrowdinvest.com):

Sustitución de una caldera de gas por una caldera de biomasa, con lo que se va a conseguir una reducción de emisiones de 1.030 toneladas de CO_2 cada año

Cuando acudes a una subasta haces una oferta o "pujas" dentro de los límites que establece la plataforma sobre el tipo de interés, un tipo mínimo y un tipo máximo.

Ejemplo de ofertas de una subasta —parte de ella— en **Grow.ly** (www.grow.ly):

- 1.000€ al 7,00%
  el viernes, 03 de julio de 2015

- 67,26€ al 7,00%
  el martes, 30 de junio de 2015

- 108€ al 7,00%
  el martes, 30 de junio de 2015

- 400€ al 7,00%
  el viernes, 26 de junio de 2015

- 150€ al 6,50%
  el lunes, 06 de julio de 2015

- 2.272€ al 6,50%
  el martes, 30 de junio de 2015

- 55€ al 6,25%
  el lunes, 06 de julio de 2015

- 300€ al 6,25%
  el lunes, 06 de julio de 2015

- 67€ al 6,00%
  el sábado, 11 de julio de 2015

- 300€ al 6,00%
  el miércoles, 08 de julio de 2015

- 240€ al 6,00%
  el martes, 07 de julio de 2015

- 99€ al 6,00%
  el martes, 07 de julio de 2015

- 70€ al 6,00%
  el martes, 07 de julio de 2015

- 2.000€ al 6,00%
  el lunes, 06 de julio de 2015

- 50€ al 5,75%
  el jueves, 25 de junio de 2015

- 50€ al 5,50%
  el viernes, 26 de junio de 2015

- 300€ al 5,25%
  el miércoles, 08 de julio de 2015

- 1.600€ al 5,00%
  el viernes, 10 de julio de 2015

Ejemplo de ofertas de una subasta —parte de ella— en **Loanbook** (www.loanbook.es):

Mis Pujas	Todas las pujas		Competitivas ✓	No Competitivas ✓	Rechazadas ✓

Inversor	Fecha	Importe (€)	Tipo de interés		Estado
			% Inicial	% Actual	
	01-11-2015	100 €	7,23%	7,23%	⚑
	01-11-2015	100 €	7,23%	7,23%	⚑
	31-10-2015	100 €	7,23%	7,23%	⚑
	31-10-2015	100 €	7,23%	7,23%	⚑
	30-10-2015	500 €	7,23%	7,23%	⚑
	30-10-2015	150 €	7,23%	7,23%	⚑
	30-10-2015	100 €	7,23%	7,23%	⚑

Cuando llega al 100% de la cantidad solicitada, antes de que finalice el plazo de financiación, se empiezan a anular de la subasta las ofertas o "pujas" que más tipo de interés exigen y dentro de un mismo tipo de interés aquellas que han entrado últimas —orden temporal de más recientes a más antiguas—.

ELEMENTOS A TENER EN CUENTA A LA HORA DE ELEGIR UN PRÉSTAMO

RENTABILIDAD

La rentabilidad puede que sea el parámetro más significativo y que más información condensa a la hora de elegir o descartar un préstamo, porque te está hablando del riesgo del préstamo. Veamos esta clasificación de *Prosper*:

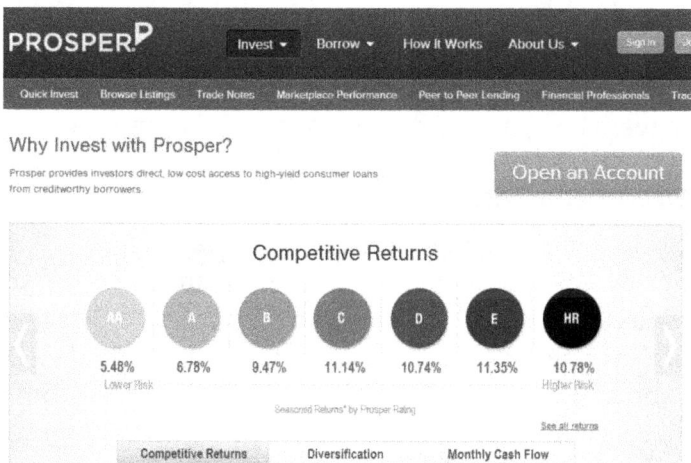

Estos datos son importantes porque como hemos visto anteriormente *Prosper* tiene más de 2,2 millones de usuarios y ha movido la friolera de 3.000 millones de dólares. Con lo que los datos son muy robustos.

Considero que en el mercado español un préstamo de más de 10% de rentabilidad es una inversión muy arriesgada.

Solo en el caso del descuento de facturas una rentabilidad de dos dígitos no superior al 12% puede considerarse con riesgo limitado.

RATING PLATAFORMA

Las plataformas ofrecen un rating sobre la calidad crediticia del préstamo, basado en un análisis interno de sus analistas y en un análisis externo de agencias que manejan bases de datos (E-Informa, Axesor, etc).

Hay plataformas que solo reflejan el rating interno, otras que solo publican el rating externo y otras que lo hacen teniendo en cuenta los dos. Depende de la política de cada plataforma.

Este rating es una buena guía porque concentra en un número la capacidad de pago que tiene la empresa.

TIPO DE PRÉSTAMO

No es determinante pero está bien saberlo, no es lo mismo un crédito para financiar el circulante de un trimestre o una factura de un proveedor a 90 días que una inversión a 3 años. Sobre todo porque va ligado a la temporalidad.

DURACIÓN Y CUOTAS

No es lo mismo un préstamo a 3 años que uno a 3 meses. Como inversor, una combinación de varias temporalidades es lo ideal; por un lado el de 3 meses tiene menos "riesgo-temporalidad" pero nos obliga a estar analizando y metiendo dinero varias veces al año. Por otro lado los préstamos a largo plazo hay que analizarlos más por ese riesgo, pero luego nos da la tranquilidad de tener menos frecuencia de inversiones. Nos ofrece estabilidad.

Por otro lado los vencimientos de cuotas también hay que tenerlos en cuenta, así sabrás la liquidez parcial de la que dispones para volver a prestar. Lo más común es que sean cuotas mensuales, trimestrales o a vencimiento.

EXISTENCIA DE GARANTÍAS

No es imprescindible pero es importante. En la medida de las posibilidades es mejor invertir en préstamos con garantías —avales—. Esto quiere decir que si no pueden devolver el dinero existe un aval que se ejecuta y siempre vas a cobrar. El cobro está asegurado. El requerimiento de aval lo suelen exigir las plataformas.

ESTADOS FINANCIEROS

Si se tiene un mínimo de conocimientos es aconsejable ver el Balance de Situación, la Cuenta de Resultados y si es posible un Balance de Sumas y Saldos o un desagregado similar.

Generalmente publican los dos últimos años presentados oficiales —mercantil y fiscal— y el último corte del año presente.

Es importante que los Estados Financieros presentados en la plataforma no contengan errores y los presentados al Registro Mercantil estén actualizados. En caso contrario hay que tenerlo en cuenta como un riesgo.

Luego ver los ratios y parámetros financieros básicos para ver si hay tensiones de tesorería, si la financiación solicitada es un porcentaje significativo sobre la deuda de la empresa, si los gastos e ingresos son coherentes con el activo y pasivo del balance, el pasivo a largo y a corto plazo, la naturaleza de los activos realizables y la evolución de las cifras presentadas.

INVOICE TRADING

¿QUÉ ES Y CÓMO FUNCIONA?

El *"Invoice Trading"* no es otra cosa que invertir en descuento de facturas y/o pagarés. *"Invoice"* significa factura y trading ya sabes lo que es —*Invoice Discounting* es "pagaré" y *Invoice Factoring* "descuento de factura"—.

Desde el punto de vista de la empresa la financiación de circulante en el día a día es una de las partes más importantes de su funcionamiento. Incluso en los negocios donde no hace falta prácticamente ninguna inversión, como puede ser una pequeña firma de servicios profesionales que tienen todo alquilado o externalizado, incluso para un freelance, la financiación de circulante es necesaria, ya que hay que pagar nóminas pero los clientes pueden pagar a 60 o 90 días.

Es aquí donde entra la figura del pagaré y descuento de factura —factoring/confirming—. La empresa lleva ese pagaré a la plataforma y se lo adelanta cobrándole un tipo de interés. Es una figura muy flexible y que tiene mucha frecuencia de utilización. Permite solventar tensiones de tesorería a corto-medio plazo, que desahoga el flujo monetario de le Pyme y le permite financiarse de forma algo más equitativa a las empresas más grandes.

En este punto es donde entramos como inversores o prestamistas. Como todo el crowdlending y en general los nuevos modelos de negocio *Fintech*, se desintermedia a la banca, quedando ese beneficio para el ahorrador.

Se accede un vez más a través de las Plataformas de Financiación Participativa, en su *marketplace* mediante un sistema de pujas. De ahí que también se le llame *"marketplace lending"*.

Es un tipo de Crowdlending y por lo tanto se ejecuta e invierte exactamente igual que la inversión en un préstamo; se subasta el pagaré, muchos ahorradores pujan una cantidad a un tipo de interés y la plataforma adelanta el dinero a la empresa con el dinero de estos. Al vencimiento del mismo los pequeños inversores cobran lo prestado/invertido más el tipo de interés pujado cuando vence el pagaré.

PARTICULARIDADES DEL DESCUENTO DE PAGARÉS COMO ACTIVO DE INVERSIÓN

Un pagaré es un título valor a través del cual la parte financiada, llamada librado o firmante, se obliga a pagar una cantidad al librador o tenedor, en este caso tu como inversor. Se trata de un título privado que tiene unas obligaciones y garantías jurídicas o a su orden; una cantidad en una fecha y lugar determinados.

Lo habitual es que el pagaré está asociado a una operación de carácter comercial. En España está legislado por la Ley Cambiaria y del Cheque[47]. En el resto de países también está legislado por la Ley Cambiaria correspondiente.

Existen 3 aspectos que lo hacen particular respecto al crowdlending de préstamos:

1. **Temporalidad:** son inversiones a corto plazo, lo que en trading llamamos "Swing" que duran entre 30 días y 100 días.

2. **Frecuencia:** es un activo que tiene una frecuencia de actualización más elevada que los préstamos o créditos, cada semana hay una mayor oferta.

3. **Tipo de interés:** generalmente más altos que los préstamos a largo plazo aunque tienen un abanico amplio.

VENTAJAS DE LA INVERSIÓN EN PAGARÉS O INVOICE TRADING

Fundamentalmente una, la complementariedad con el resto de inversiones en crowdlending. Hay más frecuencia, su vencimiento es a más corto plazo y tienen tipos de interés más alto.

Además la devolución es a vencimiento, al contrario que la mayoría de préstamos. Esto como hemos visto tiene un lado negativo y otro positivo. El negativo es que mantienes el riesgo hasta vencimiento mientras que en las devoluciones parciales vas obteniendo liquidez y reduciendo riesgo. El lado positivo es que al no reducirse la

---

47 Artículos 94 al 97 de la Ley 19/1985

inversión parcialmente no tienes necesidad de reinvertir esa liquidez parcial y por lo tanto se mantiene tu rentabilidad hasta el final.

Una estrategia de inversión en créditos que utilizo es una combinación de:
- **Préstamos largo plazo** tipo Ecrowd![48]
- **Créditos a medio plazo** tipo Grow.ly[49], y
- **Descuento de pagarés a corto plazo** tipo Finanzarel[50]

Por estas razones la inversión en descuento de pagarés es una estrategia complementaria idónea a la inversión en préstamos y créditos de crowdlending; diversificas en interés, temporalidad, frecuencia y riesgo.

PLATAFORMAS Y FUNCIONAMIENTO

Como se ha comentado más arriba, el funcionamiento es exactamente igual que el crowdlending. Entras en una plataforma, te das de alta y pujas por el tipo de interés que quieras dentro de unos límites.

En España las dos plataformas de referencia son Finanzarel[51] y Circulantis[52]. Las dos tienen perfiles diferentes.

Finanzarel está dirigida a inversores acreditados, con un depósito mínimo inicial de 10.000 euros y financian a Pymes. Por su parte Circulantis está dirigida a pequeños ahorradores sin mínimo de entrada y financian a gran-

---

48 https://www.ecrowdinvest.com/
49 https://www.grow.ly/
50 http://www.finanzarel.com/
51 http://www.finanzarel.com/
52 https://www.circulantis.com/

des empresas conocidas.

A nivel internacional las más conocidas son *Market Invoice*[53] y *Platform Back*[54], ambas de Reino Unido, el líder indiscutible en financiación mediante *Invoice Trading*.

No obstante su despegue está siendo tan reciente que todavía hay pocas especializadas exclusivamente en descuento de pagarés, por esta razón muchas plataformas de crowdlending de préstamos lo están integrando como un crédito más.

SEGURIDAD JURÍDICA DEL PAGARÉ

El pagaré es un "título de fuerza ejecutiva", esto quiere decir que existe una garantía jurídica de cobro. Como inversor cuentas con una garantía colateral derivada del derecho de cobro de la factura o pagaré, y a su vez mantiene la garantía contra el cesionario del crédito. Para la empresa también ofrece una ventaja ya que generalmente no tienen que aportar una garantía personal tipo aval.

53 https://www.marketinvoice.com/
54 http://www.platformblack.com/

CRITERIOS Y TÉCNICAS
DE INVERSIÓN

CRITERIOS Y TÉCNICAS DE INVERSIÓN

RENTABILIDAD Y TIPO DE INTERÉS REAL QUE PERCIBES. ELEMENTOS FUNDAMENTALES PARA NO EQUIVOCARTE O DESILUSIONARTE

La idea de base es sencilla: prestas tu dinero a una empresa (o una persona) y esta te lo devuelve en plazos con un tipo de interés. Para ti es una inversión y la rentabilidad de esa inversión es ese tipo de interés que recibes.

Sin embargo el tipo de interés real que recibes al final no es exactamente el tipo nominal al que has pujado ya que hay que tener en cuenta una serie de consideraciones. El no tener en cuenta estas consideraciones hace que algunas personas se sientan en alguna ocasión contrariadas pensando que han cobrado menos de lo que pensaban.

Te pongo un ejemplo muy sencillo:

Prestas 1.000 euros al 8% en un préstamo de 12 meses.

Lo que piensa la mayoría de la gente es que va a cobrar 80 euros, pero en realidad va a cobrar menos. El interés real es menor. Pero no porque haya nada extraño, sino por sus particularidades.

Vamos a ver qué elementos hay que tener en cuenta y cuánto cobraría esta persona.

LA BASE DE TU INVERSIÓN EN CROWDLENDING VA DISMINUYENDO

Este es el principal punto de confusión. Vamos a verlo directamente en números:

	Cuota	Cuota acumulada	Intereses	Interés acumulado	Principal	Principal acumulado	Saldo pendiente
-							1,000.00€
1	86.99€	86.99 €	6.67€	6.67 €	80.32€	80.32€	919.68€
2	86.99€	173.98€	6.13€	12.80 €	80.86€	161.18€	838.82€
3	86.99€	260.97 €	5.59€	18.39 €	81.40€	242.58€	757.42€
4	86.99€	347.95 €	5.05€	23.44 €	81.94€	324.51€	675.49€
5	86.99€	434.94 €	4.50€	27.94 €	82.49€	407.00€	593.00€
6	86.99€	521.93 €	3.95€	31.90 €	83.04€	490.03€	509.97€
7	86.99€	608.92 €	3.40€	35.30 €	83.59€	573.62€	426.38€
8	86.99€	695.91 €	2.84€	38.14 €	84.15€	657.77€	342.23€
9	86.99€	782.90 €	2.28€	40.42 €	84.71€	742.48€	257.52€
10	86.99€	869.88 €	1.72€	42.14 €	85.27€	827.75€	172.25€
11	86.99€	956.87 €	1.15€	43.29 €	85.84€	913.59€	86.41€
12	86.99€	1,043.86 €	0.58€	43.86 €	86.41€	1,000.00€	-

En la imagen vemos un préstamo al 8% de interés con el método francés. Como ves se devuelve una cuota fija en la que está incluido el principal y los intereses —método francés—. Sin embargo el total de intereses[55] no es de 80 euros sino de 43,86 euros. Es decir la rentabilidad real de ese préstamo no es de 8% anual sino del 4,4%.

¿Qué ha pasado?

Sencillamente que tu inversión se reduce cada mes. No son 1.000 euros durante 12 meses, como puede ser en un depósito, sino que esos 1.000 euros van disminuyendo, tal como se ve en la última columna.

---

55 Suma de importes la fila "Intereses".

¿Quiere decir esto que solo vas a ganar un 4,3%?

Evidentemente no. Porque con cada cuota que te van devolviendo la vas reinvirtiendo en otros préstamos.

Por lo tanto el tipo de interés medio que consigues en la plataforma de crowdlending es válido cuando tienes todo tu dinero invertido de forma constante cada mes. Por esta razón en el periodo inicial obtenemos una rentabilidad menor que la individual de cada uno, ya que pasa un tiempo hasta que tienes tu dinero totalmente invertido.

Claro, si es que lo haces diversificando, la única manera de hacer frente al riesgo de impago.

Por lo tanto esto nos deja dos elementos a tener en cuenta, particulares de la inversión en Crowdlending:

- La recuperación de cuotas hace que sea una inversión muy líquida. Vas obteniendo liquidez parcial que hace además que tu riesgo baje.

- Tienes la obligación de reinvertir esa liquidez parcial para no perder rentabilidad. Tienes que revisar tus inversiones cada semana.

TARIFA DE GESTIÓN DE LA PLATAFORMA

La tarifa está entre el 0% y el 1,5% de lo prestado[56]. Depende de cada plataforma. En el caso de que no te apliquen tarifa de gestión no hay que añadir nada, pero en el caso de que te apliquen un %, deberás restarlo de tu rentabilidad.

---

56 Hay algún caso en que cobran hasta un 2%.

Suponiendo que te cobran un 1% de tarifa de gestión, en el ejemplo que estamos utilizando, tendríamos que restar ese 1% al 8%. Quedaría de la siguiente manera:

Cuota	Cuota acumulada	Intereses	Interés acumulado	Principal	Principal acumulado	Saldo pendiente
-						1,000.00€
1	86.53€	86.53€	5.83€	5.83 €	80.69€	80.69€	919.31€
2	86.53€	173.05€	5.36€	11.20€	81.16€	161.86€	838.14€
3	86.53€	259.58€	4.89€	16.09€	81.64€	243.50€	756.50€
4	86.53€	346.11€	4.41€	20.50€	82.11€	325.61€	674.39€
5	86.53€	432.63€	3.93€	24.43€	82.59€	408.20€	591.80€
6	86.53€	519.16€	3.45€	27.88€	83.07€	491.28€	508.72€
7	86.53€	605.69€	2.97€	30.85€	83.56€	574.84€	425.16€
8	86.53€	692.21€	2.48€	33.33€	84.05€	658.88€	341.12€
9	86.53€	778.74€	1.99€	35.32€	84.54€	743.42€	256.58€
10	86.53€	865.27€	1.50€	36.82€	85.03€	828.45€	171.55€
11	86.53€	951.79€	1.00€	37.82€	85.53€	913.98€	86.02€
12	86.53€	1,038.32€	0.50€	38.32€	86.02€	1,000.00€	-

Los intereses cobrados al final ascienden a 38,32 euros[57], es decir un 3,8% de rentabilidad anual.

La diferencia son 5,54 euros, que entre la base de los 43,86 euros antes de la tarifa suponen un coste del 12,63% de tus ingresos brutos. Este punto es importante porque algunas plataformas ponen como límite el 20% sobre este cálculo.

En nuestro ejemplo el 20% de límite supondría que la plataforma te está cobrando el 1,62% de tarifa.

Este punto es relevante puesto que a largo plazo puede mermar tus resultados. Es un punto a tener en cuenta cuando elijas una plataforma. En mi caso fue un aspecto del que tuve plena consciencia pasado un tiempo, puesto que había subestimado su coste real sobre los rendi-

57 Suma de importes la fila "Intereses".

mientos de cada préstamo y por supuesto sobre el rendimiento final anual.

Como he indicado antes, la filosofía es reinvertir cada cobro parcial de cada cuota en nuevos préstamos, de esta forma nos acercaremos al 8% de interés anual. Pero también debes tener en cuenta lo que te cobra la plataforma.

CONCLUSIONES

1. No debes utilizar el cálculo de rentabilidad de forma estática. Esta forma de inversión es errónea y además te va a desanimar. Hay que hacer un cálculo dinámico.

2. Es una inversión con una liquidez alta porque cada mes vas obteniendo "cash" y por lo tanto se va reduciendo el riesgo. Sin embargo, por esta misma razón la base de tu inversión se va reduciendo y el interés real sobre la cantidad inicial invertida se reduce muchísimo si no haces nuevas inversiones. Por lo tanto si quieres que las rentabilidades sean cercanas a tus pujas debes estar atento todas las semanas.

3. Debes tener en cuenta la tarifa que te cobra la plataforma para estimar la rentabilidad que puedes obtener con los préstamos que ofrece.

CÓMO LIDIAR CON LA PROBABILIDAD DE IMPAGO

DIVERSIFICACIÓN COMO HERRAMIENTA DE GESTIONAR EL CAPITAL INVERTIDO

Como hemos visto en otro capítulo el ratio de morosidad más alto en Crowdlending a empresas es del 2% —*CreditEase* en China—. Este dato entra dentro de los análisis de riesgo que hacen las propias plataformas y que cubren un intervalo de confianza del 95%.

En el caso de España la plataforma que más tiene es del 4,2%, la siguiente 2,7% y el resto no tiene morosidad.[58] Con el tiempo estas tasas de morosidad girarán en torno al 2%, que es el histórico que ofrecen mercados más maduros como Estados Unidos y Gran Bretaña con históricos de 8 años.

La única forma es la diversificación de préstamos.

No es lo mismo meter 2.000 euros en un proyecto que meter 100 euros en 20 proyectos distintos.

Supón que tienes ese 2% de pérdida probable; en el primer caso (invertir los 2000 euros en un proyecto) y te toca un crédito moroso entonces perderás el 100%. Sin embargo en el segundo caso pierdes solo el 5% de tu capital y además cubres la pérdida con el otro 95% de capital (1.900 euros).

Cuanto más diversifiques mejor. Si además aplicas un filtro de riesgo, en el que solo inviertes en créditos con riesgo bajo o moderado, la probabilidad de que pierdas en este activo se acerca a cero.

Debes tener siempre presente que la rentabilidad está asociada al riesgo. Si puedes obtener un 6% o un 7% neto de rentabilidad quiere decir que asumes más riesgo. Esto es un ley incuestionable. No obstante, la inversión en

---

58 Todo esto según los datos publicados por las propias plataformas a 31/10/2015. Lo veremos en el último capítulo.

préstamos tiene la particularidad de que se puede conseguir una rentabilidad atractiva a largo plazo con un riesgo moderado o bajo.

Si diversificas correctamente ese riesgo puede ser muy bajo, tendiendo a cero, aunque el riesgo nunca se podrá eliminar por completo. Por lo tanto lo hace un activo de inversión súper atractivo.

¿Cómo saber en cuantos préstamos invertir para estar correctamente diversificado? Te voy a dar el truco para que lo puedas efectuar de forma sencilla:

Tip
1º. Calcula el tipo medio neto que consigues (interés anual menos comisión de plataforma)
2º. Multiplica tu capital por ese tipo medio
3º. La cantidad que te sale es la inversión máxima por crédito

Siguiendo el ejemplo.
Capital: 2.000 euros
Tipo medio anual: 7,8%
Tipo medio neto: 6,5%
Entonces: 2.000 euros * 6,5% = 130 euros
Solución: no deberías invertir más de 130 euros por proyecto para diversificar correctamente.
Es un método muy sencillo y efectivo.

¿Qué pasa si empiezo con poco dinero? Si empiezas con poco dinero tendrás que arriesgar más. Por ejemplo si empiezas con 300 euros, pues mete 6 préstamos de 50 euros. No cumple la regla anterior pero al ser tan poco dinero tendrás que arriesgar más.

En este caso tendrás que intentar invertir en créditos con menor riesgo. Esto quiere decir menor rentabilidad, pero si empiezas con poco irás aumentando poco a poco y entonces la diversificación se acercará al ideal. Esta es la manera en la que comencé a invertir. Creo que la mayoría lo hace de esta forma. Y de momento no he sufrido ningún impago.

HISTÓRICO DE ESTA TÉCNICA CON DATOS MÁS ROBUSTOS

Vamos a verificar esta técnica con un historial robusto. Los datos proceden de la plataforma estadounidense *Prosper*[59], la más veterana y con mayor historial. Son datos del periodo 2007-2015 (9 años) correspondientes a 4.000 millones de dólares prestados y 250.000 préstamos.

De esa serie histórica de datos hace el siguiente estudio[60] para préstamos entre personas (recuerda que su rentabilidad/riesgo es más alta[61]).

	5 préstamos	150 préstamos
Rentabilidad esperada	12%	12%
Intervalo probable de rentabilidades	-21% a +23%	+8% a +17%
Probabilidad de pérdida	8,24%	~0%
Probabilidad de >7% de rentabilidad	58,9%	97,43%

Aquí comprobamos científicamente 3 elementos imprescindibles para la salud de tus inversiones en

59 https://www.prosper.com
60 https://www.prosper.com/invest/how-to-invest/diversification/
61 Para este estudio supone a dos inversores que invierten 7.500 dólares en los préstamos a un 23% y con una tasa final de morosidad del 10% (de acuerdo a su histórico de operaciones).

crowdlending:

- Cuanto más diversificas mayor es la rentabilidad de tu cartera.
- Cuanto más diversificas tu probabilidad de pérdida se acerca a cero.
- Cuanto más diversificas la certeza de obtener una rentabilidad objetivo atractiva se acerca al 100%.

El *estudio de Lending Robot*[62] sobre el impacto de la diversificación como número de préstamos invertidos.

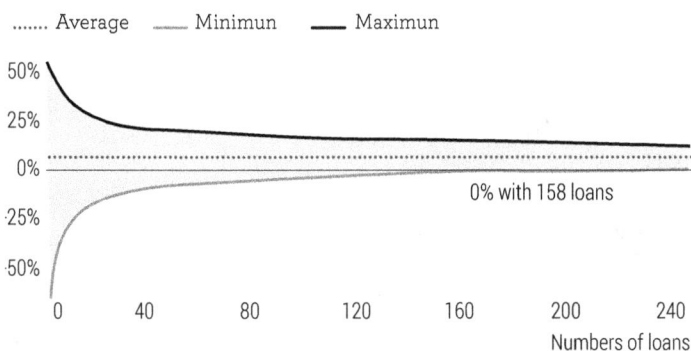

Fuente: https://www.lendingrobot.com/

A partir de los 150 préstamos podemos considerar la diversificación como máxima. La probabilidad de tener pérdidas es del 0%.

El estudio está hecho sobre una muestra de casi 21.000 préstamos. En rojo la pérdida máxima y en verde el beneficio máximo. En el eje horizontal el número de préstamos —*"loans"*—.

62 https://www.lendingrobot.com/?ref=producthunt#/resources/charts/

Ahora vamos a ver la probabilidad de pérdida invirtiendo en 10 préstamos:

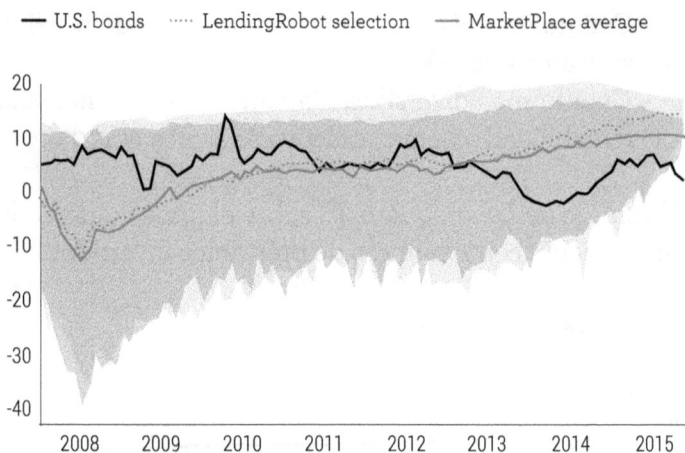

Fuente: https://www.lendingrobot.com/

Lo que ves sombreado[63] son las zonas probables de tu rendimiento. Como ves una variabilidad brutal, desde un +15% a un -35% de pérdida.

---

63 Equivale a las famosas "Bandas de Bollinger" utilizadas en análisis técnico en los gráficos de bolsa. Representa las zonas donde se mueve el precio para un 95% de probabilidades. En este caso basado en proyecciones con el método de Monte Carlo.

Veamos ahora con 200 préstamos:

···· Marketplace average   —LendingRobot selection   —U.S. bonds

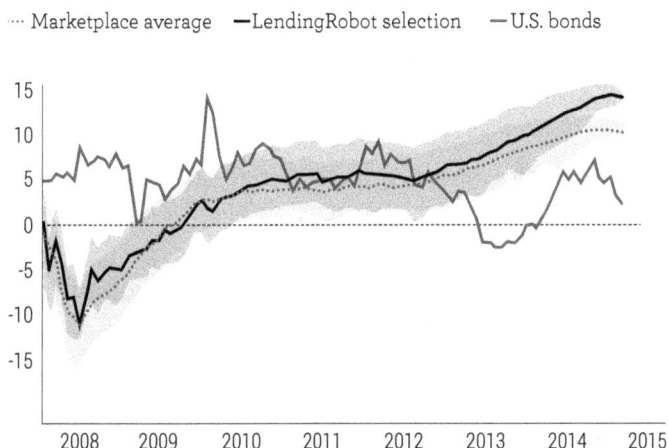

Fuente: https://www.lendingrobot.com/

La zona sombreada se estrecha muchísimo, esto quiere decir que la variabilidad de tus rendimientos se reduce, es decir, tu riesgo, con una probabilidad de beneficio que siempre es positiva a partir de 2010.

Te animo a que verifiques por ti mismo los resultados para 1.000 préstamos. El riesgo (volatilidad) es bajísimo.

Aunque el riesgo cero es imposible porque el futuro es impredecible, diversificando correctamente podemos acercarnos a ese ideal.

¿QUÉ OCURRE EN CASO DE IMPAGO? CÓMO ACTÚAN LAS PLATAFORMAS

En el caso de que un prestatario no page su préstamo, la plataforma actúa de la siguiente manera:

1. La plataforma hace la reclamación a la empresa (prestataria).

2. Si ese impago persiste (hay una o dos cuotas impagadas) encarga a un bufete de abogados especializados en recobro la reclamación.

En este punto pueden darse dos situaciones; que se cobre o que no se cobre.

- **Se cobra:** se imputan intereses de demora y el inversor obtiene su rentabilidad objetivo.

- **No se cobra:** si la operación está avalada se ejecuta el aval y se cobra. Si no existe aval la plataforma a través del bufete de abogados lo reclama judicialmente. En este caso pueden suceder dos cosas; que se cobre finalmente con unos intereses de demora o que la empresa se declare insolvente y no se cobre nada. En este último caso pierdes las cuotas pendientes de tu inversión en ese préstamo.

Todas las plataformas tienen acuerdos con firmas especializadas en recobro. Su negocio se basa en la confianza y el impago genera un mayor problema para ellas que para los propios inversores, si bien no de dinero sí de reputación y confianza, pudiendo minar el volumen de inversiones posterior.

¿CÓMO EMPEZAR?

Con poco dinero, probando para coger confianza.

Una vez hayas realizado tus primeras inversiones de acuerdo a los criterios explicados, el siguiente paso es aumentar la inversión y mejorar tu diversificación.

También te recomiendo empezar con una plataforma, aquella en la que te sientas más cómodo.

Una vez invertido tu dinero y vista su devolución con la ganancia, te recomiendo que abras cuenta en otras plataformas siguiendo el mismo proceso; con poco dinero y aumentando, de manera que también diversifiques en plataformas.

Familiarízate con la operativa y la plataforma.

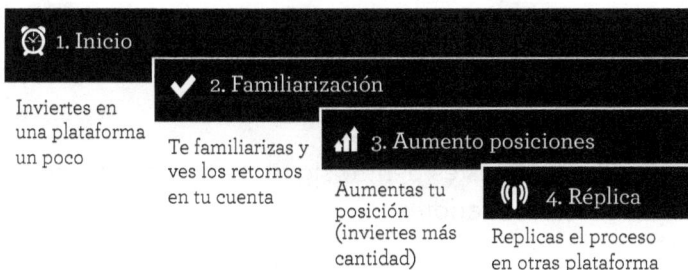

Un aspecto importante de la diversificación, que no se ha comentado en la diversificación de inversiones es la diversificación en plataformas de forma gradual. De esta manera tu diversificación se multiplica y el riesgo de impago se reduce.

De esta forma también reduces la probabilidad de impago por problemas de gestión en una plataforma. Esta posibilidad es muy complicada que se dé, porque ellos solo son una plataforma de intermediación y el cobro de tus inversiones depende directamente del prestatario, que es con el que has firmado el contrato de préstamo. De esta forma esa posibilidad remota la mitigas.

Rentabilidad	Alta, media, baja
Tipo de préstamo	Préstamos, crédito, pagaré
Duración	Largo plazo (>18 meses), medio plazo (6-12 meses) y corto plazo o swing (<6 meses)

Además es conveniente que inviertas en diversos tipos de préstamos atendiendo a su:

Y esto lo consigues invirtiendo en distintas plataformas, ya que cada una está especializada en un segmento de préstamos.

Una vez que estés dentro sigue los pasos explicados en los puntos anteriores.

INVERSIÓN AUTOMÁTICA

Una herramienta que están empezando a incorporar algunas plataformas es la "inversión automática". Es tan reciente que solo unas pocas la tienen incorporada.

Es algo muy sencillo y básico. Entras en un cuadro

de opciones y la plataforma te deja elegir una serie de criterios mediante los cuales, si se cumplen, se realiza automáticamente la inversión sin que tengas que hacerlo cada vez de forma manual.

Lo habitual es que te dejen elegir entre los siguientes factores o criterios:

- **Cantidad**
- **Tipo de interés**
- **Riesgo o scoring**
- **Otros**

Imagina que tienes 2.000 euros y la plataforma tiene esta posibilidad, un ejemplo sería el siguiente:

- **Cantidad:** 100 euros
- **Tipo de interés:** A partir de 6%
- **Riesgo o *scoring*:** A partir de B o 7/10 (depende de la plataforma)
- **Tipo de préstamo:** inversiones

En este caso la plataforma invertirá 100 euros de manera automática cada vez que se den esas circunstancias.

Veamos un par de ejemplos reales.

LA CARTERA AUTOMÁTICA DE LA ESPAÑOLA FINANZAREL[64]:

La cartera automática de la estadounidense *LendingRobot*, que invierte en *Lending Club* y *Prosper* (las más grandes del mundo):

Imagen obtenida de http://www.lendacademy.com/wp-content/uploads/2015/02/LendingRobotRuleExample.png

64 http://www.finanzarel.com/

También es relativamente reciente en Estados Unidos donde comenzaron en 2013, a pesar del volumen que mueven y lo adelantados que van.

Esta es una tendencia que se está adoptando poco a poco en otras áreas de la gestión de activos financieros, como es el caso de la construcción de carteras y el asesoramiento financiero profesional.

En el caso de la inversión en préstamos o descuento de facturas, es una herramienta extremadamente sencilla que da solución a un problema; la falta de tiempo. Tener el dinero en varias plataformas y hacerlo de forma manual exige una revisión semanal de unos 10-15 minutos. No es mucho, pero hay muchas personas que no están dispuestas a hacerlo.

También hay que coger la inversión automática como lo que es; una herramienta que fundamentalmente nos ahorra tiempo, pero esta nunca va a sustituir tu juicio personal en elementos como la lectura de balances, tu estrategia personal por tipos de préstamo teniendo en cuenta todas tus inversiones, la consideración cualitativa del tipo de empresa o las anotaciones de la propia plataforma y los comentarios en sus foros. Hay una parte del análisis de riesgo que se escapa.

Como siempre, tendrás que valorar el dinero que tienes invertido y el tiempo que quieres utilizar. Al principio no tiene demasiado sentido utilizar la inversión automática, ya que siempre vas a disponer de más información y tiempo. Pero si amplias tus inversiones y sigues el proceso descrito en "¿Cómo empiezo?" puede ser una buena herramienta complementaria.

Debes tener en cuenta que esta herramienta tiene mucho éxito en Estados Unidos porque allí cada persona invierte en cientos de préstamos a la vez a personas. No hay un análisis de la situación patrimonial y la frecuencia de publicación es endiabladamente alta. Hay tantos préstamos y datos que la herramienta permite invertir bajo criterios de probabilidad, dada una pérdida asumida por cada X dólares invertidos.

En el caso de los préstamos a empresas no es así, pero puedes beneficiarte de su utilidad en el sentido explicado, como una herramienta complementaria para ciertas plataformas o tipos de préstamos para ahorrarte tiempo si no quieres analizarlo todo.

En el caso de España, la Ley que regula el crowdlending solo permite esta herramienta a las plataformas dirigidas a inversores acreditados. Para el resto de plataformas está prohibido.[65]

TRATAMIENTO FISCAL

Uno de los temas que más dudas genera en la inversión en préstamos es el tratamiento fiscal.

Una de los aspectos que menos se conocen y que más preguntas me plantean los lectores de mi blog[66] es saber

---

65 Artículo 52 de la Ley 5/2015 titulado "Prohibiciones", dice que las plataformas no pueden *"Proporcionar mecanismos de inversión automáticos que permitan a los inversores no acreditados automatizar su decisión de inversión, estén o no basados en criterios prefijados por el inversor»*.
66 http://estrategafinanciero.com/

cómo se declaran los ingresos obtenidos en concepto de intereses a la Hacienda Tributaria. Cuál es el efecto fiscal.

LEGISLACIÓN APLICABLE

Los intereses obtenidos por la inversión en un préstamo de crowdlending tienen el mismo tratamiento fiscal que los intereses bancarios corrientes, se introducen en la base imponible del Impuesto sobre la Renta de las Personas Físicas como rendimiento del capital mobiliario.

En concreto se rige por el artículo 25 "Rendimientos íntegros del capital mobiliario" de la Ley 35/2006 del IRPF[67].

En el caso de la empresa financiada, estos intereses se contabilizan como gastos por intereses financieros y tributan como gastos deducibles en el Impuesto de Sociedades[68].

Para otros países se aplica la legislación análoga.

¿Cómo se presenta en la declaración de la renta anual? Es muy sencillo, funciona exactamente igual que los intereses que obtienes del banco. Los intereses bancarios aparecen automáticamente en el borrador que te presenta Hacienda Tributaria pero en el caso de la plataforma de crowdlending no tienen por qué entregar esa información así que tendrás que fijarte y si no aparecen los tendrás que introducir con el resumen que la propia plataforma te entrega al final de cada año fiscal.

67 http://noticias.juridicas.com/base_datos/Anterior/r38-l35-2006.html
68 http://noticias.juridicas.com/base_datos/Anterior/r38-l35-2006.html

Si por ejemplo has ganado 250 euros en intereses en 2014, te habrán realizado una retención de 50 euros (20%)[69], por lo tanto pondrás 250 euros en la casilla de "Intereses de cuentas" de "Rendimientos de capital mobiliario" y los 50 euros te los deducirás de la cuota.

Te lo van reteniendo de cada cuota, por lo tanto el ingreso que ves en tu cuenta está neto del efecto fiscal, por lo que es muy importante que lo tengas en cuenta cuando te toque hacer la declaración de la renta para no volver a tributar sobre el neto (neto de efecto fiscal), no sea que lo tributes dos veces.

TRATAMIENTO CONTABLE

Este apartado es interesante si eres autónomo/freelance o inviertes desde una empresa.

La contabilización es muy sencilla. Los asientos que explico siguen el Plan General Contable español, que sigue las Normas Internacionales de Información Financiera (NIC-NIIF) de la Unión Europea. Por lo tanto válido para cualquier país de la misma.

69 El tipo para 2014 es del 20%, para 2015 19,5% y para 2016 19%.

Supongamos que inviertes 1.000 euros en un préstamo al 8% y te lo devuelven en 12 cuotas. La plataforma cobra un 1% de intermediación y el tipo impositivo es del 20%.

Asiento 1: Inviertes 1.000 euros en un préstamo

	Debe	Haber
542 "Créditos a corto plazo"	1.000 €	
572 "C.Corriente Banco XYZ"		1.000 €

Asiento 2: Cobro primera cuota
Siguiendo el método de amortización francés de cuota constante, salen 12 cuotas de 89,90 euro (principal + intereses)

	Debe	Haber
542 "Créditos a corto plazo"		80,32 €
7621 "Ingresos de créditos a c/p"		6,67 €
473 "H.P. Retenciones y pagos a cuenta"	1,33 €	
626 "Servicios intermediación plataforma"	0,83 €	
572 " C.Corriente Banco XYZ"	84,83 €	

Los siguientes 11 meses tendrás que hacer el mismo asiento pero con las cantidades que te marque el cuadro de amortización de la plataforma.

En este sentido algunas plataformas todavía no dan correctamente la información del coste de intermediación, que a veces es el gran oculto. Es de suponer que en unos meses lo tendrán integrado, están adoptando tan rápido todos los requerimientos tanto técnicos como de *feedback* del mercado que este tipo de mejoras estarán plenamente cubiertos.

«ALLOCATION» ¿QUÉ PORCENTAJE DE MI AHORRO INVIERTO?

La pregunta del millón. ¿Cuánto invierto en esto?

El «*allocation*» es el % de nuestra inversión en un activo financiero sobre el total invertido.

El *allocation* de nuestra cartera» es la composición de pesos de los activos donde estamos invertidos. Por ejemplo, 80% en acciones y 20% en bonos del estado.

La cuestión trascendental aquí es saber qué porcentaje de tu cartera asignas al crowdlending.

Para ello vamos a utilizar dos estudios, uno de *Lending Robot*[70] y otro de *Lending Memo*[71]. Estos estudios son importantes, sobre todo el primero, porque están basados en centenares de miles de operaciones.

PRIMER ESTUDIO

El cuadro que aparece a continuación es un resumen de un estudio realizado donde calcula las fronteras eficientes siguiendo la "Teoría de Carteras de Markowitz", que

70 https://www.lendingrobot.com/static/media/other/howmuchtoinvest.pdf
71 http://www.lendingmemo.com/stocks-bonds-lending-club-prosper/

busca las combinaciones ideales de inversión en cada tipo de activo financiero para que den la máxima rentabilidad-riesgo (máxima rentabilidad con mínimo riesgo posible dada esa rentabilidad).

PORTAFOLIOS ÓPTIMOS [1]

	Performance									
Rentabilidad esperada	4,87%	5,0%	6,0%	6,5%	7,0%	7,5%	8,0%	8,5%	9,0%	9,5%
Volatilidad (riesgo)	0,9%	0,9%	1,3%	1,6%	1,9%	2.3%	2,7%	3,0%	3,4%	3,8%
Rentabilidad/ Volatilidad	5,67	5,72	4,72	4,05	3,60	3,26	3,00	2,79	2,63	2,50

	Allocation									
Acciones USA (VTI)	2%	3%	23%	20%	31%	35%	38%	42%	42%	49%
Acciones USA pequeña capitalización (VBR)	0%	0%	0%	2%	0%	0%	0%	0%	0%	0%
Acciones empresas inmobiliarias USA (VNQ)	0%	0%	0%	6%	7%	11%	15%	19%	23%	27%
Bonos USA (AGG)	84%	76%	60%	50%	43%	34%	26%	17%	9%	1%
Bonos del Tesoro (TIP)	0%	2%	0%	0%	0%	0%	0%	0%	0%	0%
Bonos de alto rendimiento USA (VWEHX)	0%	2%	4%	10%	7%	8%	10%	11%	13%	14%
CROWDLENDING	14%	16%	13%	12%	12%	11%	10%	10%	9%	9%

Para la renta variable utiliza los ETFs —fondos cotizados— más amplios y conocidos del mundo, para la renta fija lo mismo. Estas son de por sí inversiones diversificadas.

De la conjugación de todos ETFs y los datos históricos de *Lending Club* y *Prosper* va creando carteras óptimas y *allocations* óptimos para esas soluciones. Como puedes apreciar en la última línea, cambie como se cambie el peso del resto de activos, el % invertido en crowdlending se mantiene increíblemente estable, ofreciendo un ideal en todos los casos entre un 9% y un 16%.

Por lo tanto y basado en estos estudios cuantitativos robustos, un ideal es que tengas invertido entre un 9% y un 16% de tus inversiones.

SEGUNDO ESTUDIO

Aquí no hace un *allocation* con otros activos sino que estudia la madurez y rentabilidad del histórico de préstamos en las dos plataformas citadas que junto con la diversificación dan una mayor rentabilidad a largo plazo, llegando a la conclusión de que un 20% en la cartera de inversión es un ideal por la estabilidad que aporta y rendimiento.

RENTABILIDAD DE CUENTAS DIVERSIFICADAS
POR ANTIGÜEDAD DE LA CARTERA

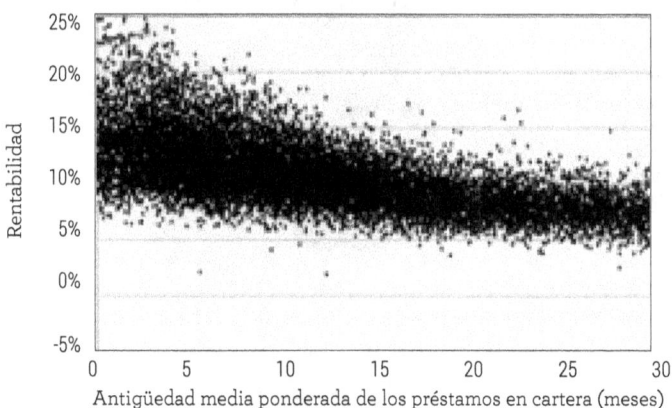

Antigüedad media ponderada de los préstamos en cartera (meses)

Fuente: http://www.lendingmemo.com/
stocks-bonds-lending-club-prosper/

El estudio sigue la regla de la gestión pasiva a largo plazo que establece que deberías tener un% en renta fija igual a tu edad y un % de renta variable igual a 100 menos tu edad, aconsejando no tener más del 70% en uno de los dos. Por ejemplo, si tienes 35 años, deberías tener 35% en renta fija y 65% en variable.

A esto le quita un 10% de la renta variable invertida en préstamos de riesgo más alto y un 10% de la renta fija invertido en préstamos de riesgo más bajo.

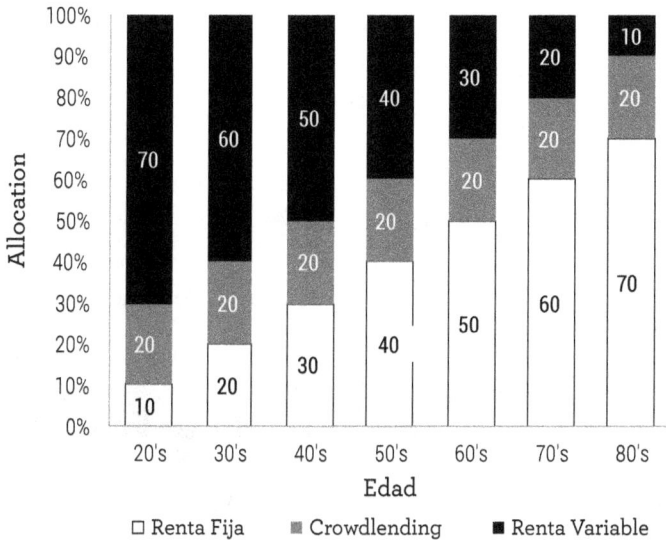

Hace un estudio —*backtest*— de los últimos 8 años y llega a este óptimo o sub-óptimo.

No hay una regla mágica pero la estabilidad del crowdlending dentro de diferentes estrategias con diferentes escenarios nos ofrece una guía muy válida, sencilla y eficaz.

El rango 9% - 20% es un óptimo.
Ahora dirás ¿9% o 20%? Hay diferencia.

Esto dependerá de 3 factores:
• Tu edad
• Tu perfil de riesgo
• La situación del mercado

Conforme vas cumpliendo años vas teniendo más renta fija en tu cartera, por lo tanto irás acercándote más al 20%. Independientemente de la edad, si tu perfil de riesgo es conservador, también te acercarás más al 20% que al 9%. Por último si el mercado de renta variable está cayendo tendrás automáticamente más % de tu cartera invertida, no es un % estático.

Si te sirve de ejemplo, mi *allocation* en crowdlending está dentro de ese rango.

A continuación muestro un cuadro resumen con las principales características por tipo de activo.

	Acciones	Bonos	Inmobiliario	P2B
Rendimiento	9%	4%	6,5%	7,5%
Volatilidad	Alta	Baja	Alta	Muy baja
Conocimiento requerido	Medio-alto	Medio-alto	Alto	Medio-bajo
Flujo de dinero	Dividendos anual y ppal en venta	Cupón semestral y ppal en venta	Mensual	Mensual (intereses+ principal)
Capital necesario	Bajo	Bajo	Alto	Bajo
Fiscalidad	Ingresos actividad ordinaria o ganancias capital mobiliario	Ganancias capital mobiliario	Ingresos actividad ordinaria	Ganancias capital mobiliario
Liquidez	Alta	Alta	Baja	No hay mercado secundario
Histórico de datos	+100 años	+100 años	+100 años	+8 años

*Algunas plataformas como Loanbook están desarrollando un mercado secundario dentro de los usuarios de la plataforma para que puedan comparar la deuda.

QUÉ PUEDES ESPERAR A PARTIR DE AHORA

Siguiendo los pasos que te he mostrado a lo largo del libro puedes esperar obtener una rentabilidad antes del efecto impositivo y los costes de gestión de la plataforma cercana al 8%.

Yo llevo invirtiendo desde 2014 de forma recurrente y como estrategia dentro de una cartera marco donde invierto en otros activos. La rentabilidad media obtenida es del 7,9% y no he tenido impagados.

La rentabilidad real es menor por dos motivos, el primero es que hasta que el capital invertido se invirtió totalmente pasaron unos meses, ya que fui invirtiendo poco a poco y diversificando, tal como hemos visto. El segundo es por el coste de gestión de la plataforma, que generalmente ronda el 1%.

Emito un informe semanal en *Estratega Financiero*[72], donde selecciono 3 préstamos y hago una presentación muy sencilla:

Situación financiera	A	B	C
Rentabilidad	4%-8%	4%-8%	4%-20%
Tipo	Financiación expansión	Pagaré	Pagaré
Tiempo	24 meses/ mensual	61 días/ vencimiento	99 días/ vencimiento
Garantía	Avalada	Avalada	El propio pagaré
Incidencias en pagos	No	No	No

72 http://estrategafinanciero.com/portfolio-p2b-crowdlending/

Y aquí los criterios financieros de las empresas con el histórico de rentabilidad y riesgo:

A	B	C
- No tiene tensiones de tesorería. - El % del préstamo está por debajo del 30% de la financiación necesaria en el proyecto. - La estructura financiera de la empresa es adecuada. - Los resultados de la actividad son coherentes y con mágenes suficientes	- No tiene tensiones de tesorería. - El % del préstamo está por encima del 30% de la financiación necesaria en el proyecto, pero es pequeño en relación a la deuda financiera y comercial. - La estructura financiera de la empresa es adecuada. - Los resultados de la actividad son coherentes y con mágenes suficientes	- No tiene tensiones de tesorería. - El % del préstamo tiene cierta revelancia respecto a la deuda finaciera. - La estructura financiera de la empresa es mejorable. - Los resultados de la actividad son coherentes y con mágenes suficientes

Impagos plataformas: **1,50%**   Tipo de interés medio conseguido: **7,85%**

Impagos portfolio: **0%**

Tú mismo puedes conseguir estos resultados si sigues las pautas expuestas a lo largo del libro. Yo no soy más inteligente que tú, sencillamente analizo los préstamos y sigo una dinámica tranquila de largo plazo. Luego es repetir la secuencia de forma semanal o mensual. Si no quieres meterte en las plataformas todas las semanas ya hemos visto que las plataformas están comenzando a implementar herramientas de inversión automáticas, así que tendrás que revisar tus inversiones tan solo una vez al mes.

Y después paciencia y sentido común. Invirtiendo en crowdlending no te vas a hacer rico si no lo eres ya, pero puedes rentabilizar tus ahorros a largo plazo de una manera segura aportando estabilidad a tus inversiones a la vez que eres partícipe de la economía real.

ESPAÑA
ELEMENTOS ESENCIALES

ESPAÑA
ELEMENTOS ESENCIALES

DATOS DE LA INDUSTRIA

Como hemos visto en la primera parte del libro, España se encuentra en la fase de irrupción y auge, todavía en fase de despegue. Vamos a recordar brevemente donde se encuentra:

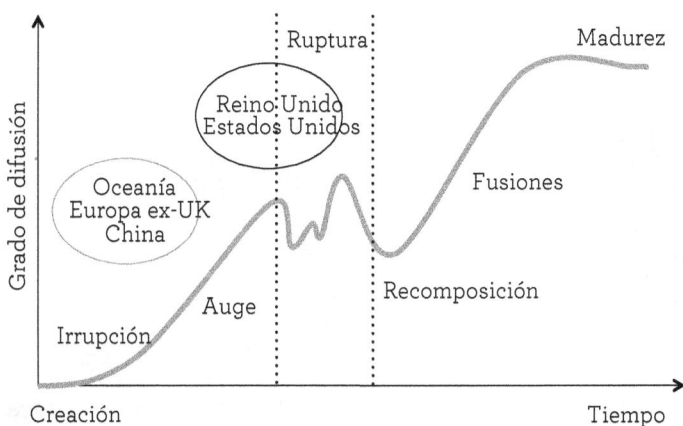

Ninguna de las plataformas de crowdlending a empresas existían hace apenas cinco años, de hecho todas ellas se han creado entre 2012 y 2014, esto habla de la juventud de este sector en nuestro país. Es muy importante tener esto en cuenta para saber dónde se encuentra el sector y saber contextualizar sus cifras.

A continuación vamos a ver los volúmenes de transacciones y porcentajes para el periodo 2012-2014[73].

VOLUMEN Y CRECIMIENTO CROWDFUNDING
ESPAÑA 2012-2014 (millones €)

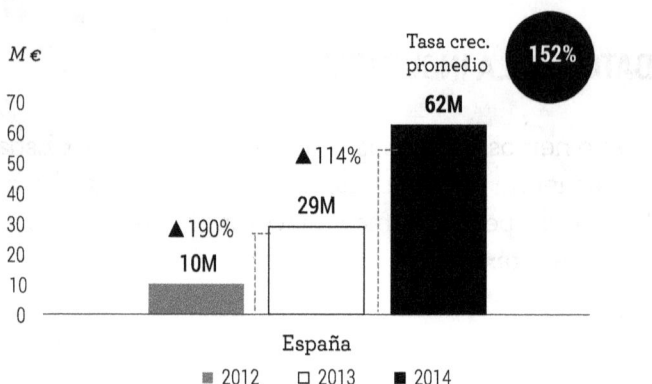

M€		Tasa crec. promedio **152%**
70		**62M**
60		
50	▲114%	
40	**29M**	
30	▲190%	
20	**10M**	
10		
0		

España

■ 2012   □ 2013   ■ 2014

El volumen de financiación vía crowdlending en 2014 fue de 13,7 millones de euros, en segundo lugar y muy por detrás del crowdfunding clásico de recompensas. Sin embargo su crecimiento está siendo exponencial, durante los tres años creció un 363% y en 2015 se espera que duplique lo financiado en todo 2014.

Esto junto a la dependencia extrema de la banca para financiar pymes, que ronda el 80%, y sumado a un entorno en el que los bancos no ganan dinero prestando y no se les espera para prestar dinero más allá de comprar deuda pública, ponen a España como el país con más potencial de crecimiento de crowdlending a corto y medio plazo.

73 *The European Alternative Finance Benchmarking Report,* Universidad de Cambridge, http://www.jbs.cam.ac.uk/index.php?id=6481#. VjdRmtIvfiy

VOLUMEN Y CRECIMIENTO DE LAS FUENTES
DE FINANCIACIÓN ESPAÑA 2012-2014 (millones €)

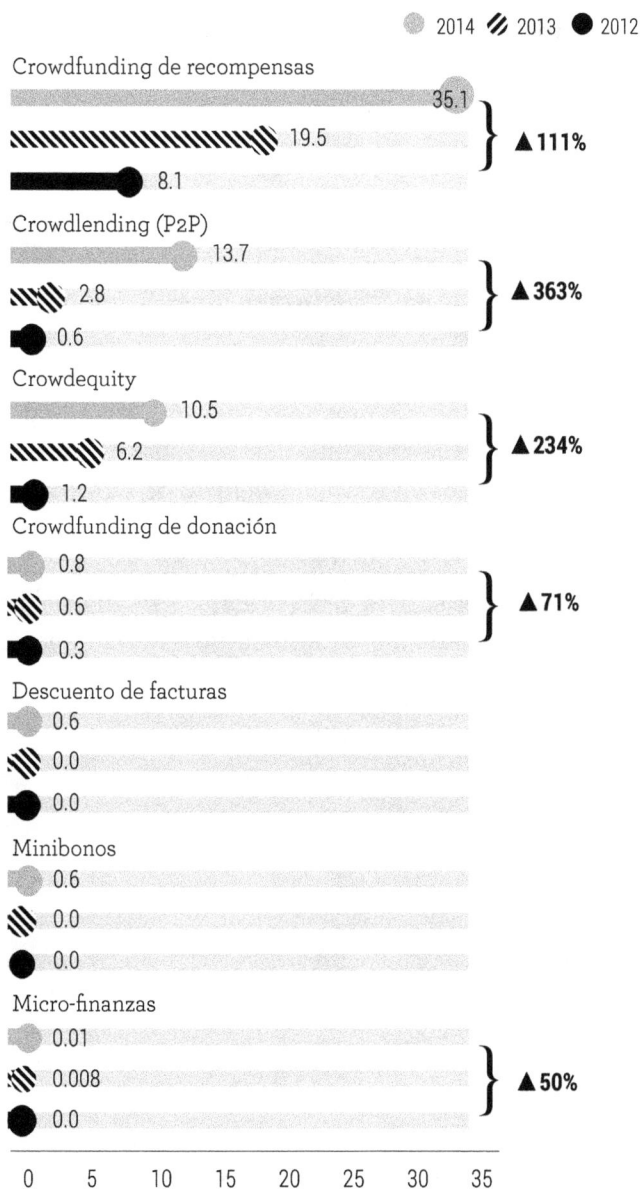

● 2014 ⧸⧸ 2013 ● 2012

Crowdfunding de recompensas
35.1
19.5
8.1
} ▲111%

Crowdlending (P2P)
13.7
2.8
0.6
} ▲363%

Crowdequity
10.5
6.2
1.2
} ▲234%

Crowdfunding de donación
0.8
0.6
0.3
} ▲71%

Descuento de facturas
0.6
0.0
0.0

Minibonos
0.6
0.0
0.0

Micro-finanzas
0.01
0.008
0.0
} ▲50%

| 0 | 5 | 10 | 15 | 20 | 25 | 30 | 35 |

La que marca la tendencia en Europa es Gran Bretaña, veamos cómo estuvieron los volúmenes en 2013 y 2014:

- **2013:.**En primer lugar estaba el crowdlending P2P que movió de 376 millones de libras. En segundo lugar el crowdlending P2B con 253 millones de libras financiadas.

- **2014.** El crowdlending P2B pasó a ser el que más volumen movió con 998 millones de libras dejando en segundo lugar al crowdlending P2P con 752 millones de libras.

La tendencia por lo tanto es que el crowdlending P2B sea el tipo de crowdfunding que más dinero mueva en los próximos años en España y el resto de Europa.

España es uno de los países con más plataformas de Europa, solo nos supera Gran Bretaña y estamos al nivel de Francia y Alemania. Sin embargo es una de las que menos volumen mueve como país y por persona.

Volumen que aporta España sobre el total de Europa:

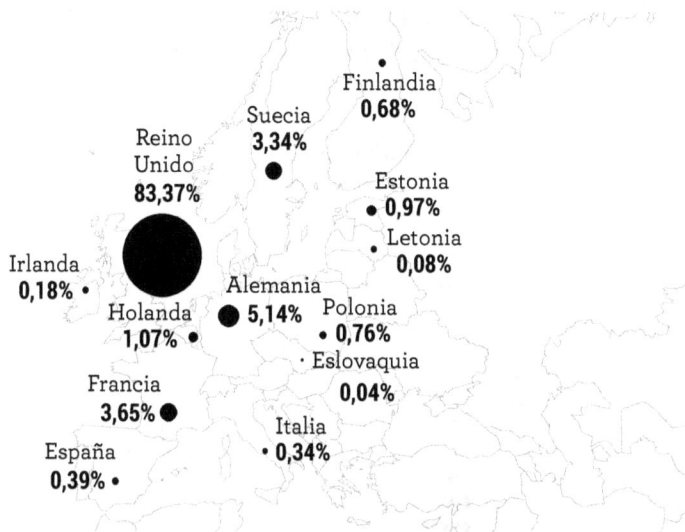

- Finlandia **0,68%**
- Suecia **3,34%**
- Reino Unido **83,37%**
- Estonia **0,97%**
- Letonia **0,08%**
- Irlanda **0,18%**
- Alemania **5,14%**
- Holanda **1,07%**
- Polonia **0,76%**
- Eslovaquia **0,04%**
- Francia **3,65%**
- Italia **0,34%**
- España **0,39%**

Fuente: http://www.altfi.com/data/indices/EURvolume

Este gráfico muestra el volumen de préstamos mediante crowdlending en lo que va de año 2015 actualizado al 01/11/2015. Vemos que España aporta muy poco todavía, un 0,39% sobre el total de países Europeos. Cierto es que Reino Unido distorsiona los resultados por su peso tan enorme, de un 83,36%. Si lo quitáramos de la muestra, España está a niveles de Italia pero por detrás de casi todos los países.

La lectura positiva es que hay un recorrido inmenso y el potencial de crecimiento y extensión es más grande dadas las particularidades señaladas del mercado financiero español.

VOLUMEN EN CROWDFUNDING PER CAPITA (€)

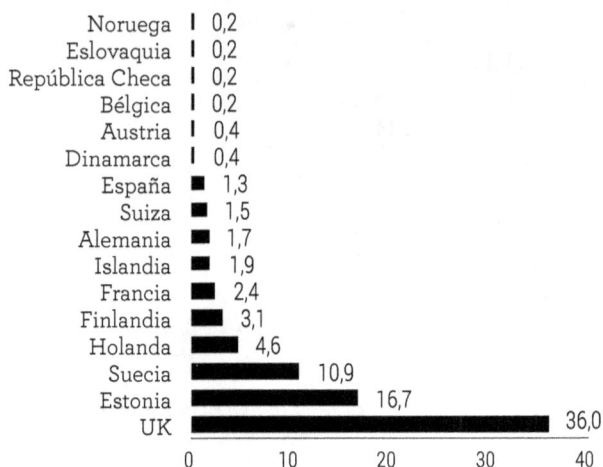

País	Valor
Noruega	0,2
Eslovaquia	0,2
República Checa	0,2
Bélgica	0,2
Austria	0,4
Dinamarca	0,4
España	1,3
Suiza	1,5
Alemania	1,7
Islandia	1,9
Francia	2,4
Finlandia	3,1
Holanda	4,6
Suecia	10,9
Estonia	16,7
UK	36,0

La lectura que nos deja este gráfico es que todavía hay una labor divulgativa y de comunicación muy importante por hacer. La mayoría de las personas todavía no invierten en crowdlending por desconocimiento y falta de confianza porque se trata de algo muy reciente y nuevo, y esto es consistente con el hecho comentado de que España es uno de los países más bancarizados del mundo, lo que incluye a la información sesgada de los medios de información financiera tradicionales.

LEGISLACIÓN QUE LO REGULA

El 28 de abril del 2015 se aprobó mediante publicación en el BOE la *Ley 5/2015 de Fomento de la Financiación Empresarial*[74], que supone el marco jurídico de regulación de la actividad del crowdlending en España.

La actividad que se regula de forma específica, y en consecuencia sus plataformas, es el crowdlending —préstamos— y el crowdequity —inversión en participaciones empresas—. Por tanto quedan fuera de esta regulación las plataformas de crowdfunding de donaciones y de recompensas, al considerarse donaciones y recogidas en la legislación fiscal general.

¿QUIÉN SUPERVISARÁ A LAS PLATAFORMAS?

La Ley 5/2015 denomina a las plataformas como "Plataformas de Financiación Participativa" y su acrónimo es PFP.

Las PFP están supervisadas por la CNMV y el Banco de España. El proceso desde su aprobación a su supervisión posterior es como sigue.

La CNMV autoriza e inscribe en su registro a las PFP, previo informe preceptivo y vinculante del Banco de España en el caso de las plataformas de préstamos —crowdlending— y la solicitud de autorización debe ser resuelta dentro de los tres meses siguientes a su recepción.

La CNMV tiene la facultad de inspección, supervisión y sanción de las plataformas.

---

74 http://www.boe.es/boe/dias/2015/04/28/pdfs/BOE-A-2015-4607.pdf

¿A QUÉ PLATAFORMAS REGULARÁ?

✓ Sí   ✗ No

Plataformas de crowdlending

Crowdfunding basado en donaciones

✓ Sí   ✗ No

Crowdfunding basado en acciones

Crowdfunding basado en recompensas

MÉTODO DE REGULACIÓN DE REGULACIÓN

La CNMV autorizará e inscribirá las PFP

Informe vinculante del Banco de España

La solicitud deberá ser resuelta en 3 meses

Ni la CNMV ni el BdE supervisarán ni autorizarán los proyectos

LÍMITES PARA LOS PROMOTORES

Empresas constituídas en España o en la UE.

No podrán tener más de 1 proyecto simultáneo en la plataforma

Importe máximo de captación de fondos de 2 Millones €

Importe máximo de captación de fondos (proyectos sólo para inversores acreditados) de 5 Millones €

Límites para inversores no acreditados

10.000€

Máximo invertido anual en el conjunto de las plataformas

3.000€

Máximo invertido por proyecto publicado

Ni la CNMV ni el Banco de España supervisa ni autorizarán los proyectos. Son los equipos de análisis de las plataformas quienes hacen este trabajo.

La norma obliga a las plataformas a ofrecer ciertas garantías, en concreto necesitan contar con un capital social mínimo de 60.000 euros o bien tener un seguro de responsabilidad social con un cobertura mínima de 300.000 euros para reclamación de daños y perjuicios y un mínimo de 400.000 euros para reclamaciones de cualquier tipo por año. Estas garantías se ejecutan en caso de que las plataformas sean negligentes, aunque en ningún caso para impagados, ya que es un contrato privado entre el prestatario y el inversor, la plataforma es un intermediario.

Si el volumen supera los dos millones de euros se exige que la plataforma tenga un capital social mínimo de 120.000 euros.

También obliga a informar a los usuarios de cierta información financiera relevante antes de que estos inviertan su dinero.

INVERSOR ACREDITADO Y NO ACREDITADO

La ley hace una clasificación entre inversores acreditados e inversores no acreditados. Los primeros no tienen límites a la hora de invertir, pero los segundos tienen un límite de 3.000 euros por proyecto y 10.000 euros al año en el conjunto de las plataformas.

Para saber si eres un inversor acreditado tienes que estar en alguna de las siguientes situaciones:

1. Cumples con los preceptos establecidos en el artículo 205 de Real Decreto Legislativo 4/2015, de 23

de octubre, por el que se aprueba el texto refundido de la *Ley del Mercado de Valores*[75].

2. Eres un empresario y reúnes, al menos, dos de las siguientes condiciones:
- El total de las partidasdel activo es igual o superior a 1 millón de euros.
- El importe de tu cifra anual de negocios es igual o superior a 2 millones de euros.
- Tus recursos propios son iguales o superiores a 300.000 euros.

3. Eres una persona física y cumples una de las siguientes condiciones:
- Ingresos anuales superiores a 50.000 euros.
- Un patrimonio financiero superior a 100.000 euros.

Has solicitado ser considerado como un inversor acreditado previamente y renunciado de forma expresa a ser considerado como inversor no acreditado.

Si no cumples los requisitos y quieres ser un inversor acreditado solo tienes que pedir ser tratado como tal. No tendrás ningún requerimiento especial para ello.

Los proyectos financiados[76] tienen un límite de dos millones si se financian mediante inversores no acreditados y cinco millones si es con inversores cualificados. No

---

75 https://www.boe.es/diario_boe/txt.php?id=BOE-A-2015-11435
76 La ley denomina como "promotores" a las empresas que piden la financiación.

podrán tener más de un proyecto en la misma plataforma de forma simultánea.

En conclusión, la regulación española es adecuada para ofrecer seguridad jurídica a los inversores y a los agentes que participan en el proceso, y está en consonancia con la normativa al respecto en los demás países europeos.

El establecimiento de este marco normativo ha sido aplaudido por las propias plataformas ya que resulta un elemento clave para aumentar la confianza de los inversores y que el propio sector se profesionalice con unos estándares de calidad.

Sobre la legislación en Europa te aconsejo la lectura del documento titulado *"Regulation of Crowdfunding in Germany, the UK, Spain and Italy and the Impact of the European Single Market"*[77] elaborado en 2013 por la *European Crowdfunding Network*[78].

En Estados Unidos el crowdlending está legislado por la *Jumpstart Our Business Startups Act —JOBs—*[79] desde 2012. Lo que nos habla de lo reciente que resulta su legislación y marco normativo en todos los países, no solo España.

---

77 http://www.europecrowdfunding.org/
files/2013/06/20130610_Regulation_of_Crowdfunding_ECN_OC.pdf
78 http://eurocrowd.org/
79 https://en.wikipedia.org/wiki/Jumpstart_Our_Business_Startups_Act

PLATAFORMAS

A continuación resumo en un cuadro las principales plataformas de crowdlending que operan en España[80] por orden de aparición con sus principales variables;

RENTABILIDAD Y MOROSIDAD POR PLATAFORMA

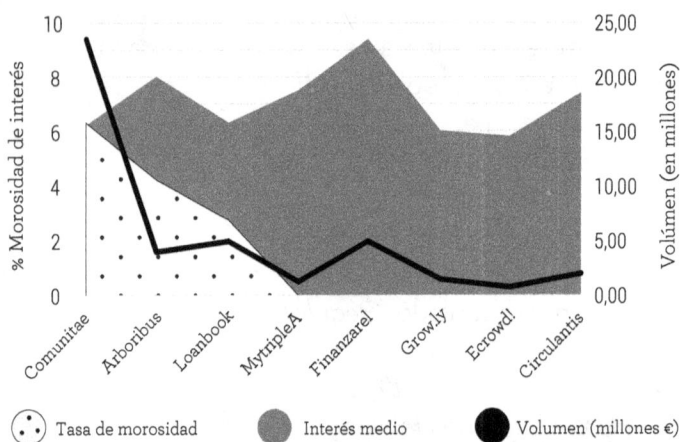

Plataforma	Volumen (millones €)	Tasa de morosidad	Interés medio	Año constitución	Tipo
Comunitae	23.44	6.35%	6.19%	2009	P2P
Arboribus	3.87	4.24%	7.97%	2012	P2B
Loanbook	5	2.72%	6.37%	2013	P2B
MytripleA	1.2	0.00%	7.50%	2013	P2B
Finanzarel	5	0.00%	9.35%	2013	Invoice Trading
Grow.ly	1.43	0.00%	6.07%	2014	P2B
Ecrowd!	0.84	0.00%	5.80%	2014	P2B
Circulantis	1.95	0.00%	7.46%	2014	Invoice Trading

80 Datos son a 05/11/2015

rentabilidad media histórica de sus préstamos y tasa de morosidad.

Hay alguna más[81] pero estas son las más importantes, las que más volumen mueven, las que mejor equipo técnico y de comunicación tienen y disponemos de sus estadísticas públicas.

Como sabes este libro está centrado en préstamos a empresas, no obstante he incluido a "Comunitae" por la relevancia de su volumen y tiempo y porque recientemente también se ha metido en los préstamos a empresas[82].

No he incluido a las filiales de plataformas de otros países, a aquellas que considero fallan en alguno de los criterios mencionados y que expongo a continuación y otras que están arrancando o con un volumen muy pequeño.

GRADO DE FIABILIDAD DE LAS PLATAFORMAS ESPAÑOLAS

Aunque existe cierta estandarización gracias a la legislación y el diseño de las plataformas, no todo es homogéneo. Hay plataformas muy buenas y otras que no lo

81 En 2014 se fundó "Novicap", de invoice trading, pero no he podido obtener sus estadísticas. También está la mencionada "Spotcap", pero no deja invertir en modo "*crowd*" por lo que no es posible incluirla.
82 Debido a su histórico de P2P tiene una tasa de morosidad alta, suavizada en el último año por los préstamos a empresas. En consonancia con el análisis de riesgo que hemos visto en epígrafes anteriores.

son tanto, lugares con mayor riesgo y con menor, empresas con buen soporte y comunicación y otras que no lo tienen, préstamos mejor o peor analizados y de mayor o menor riesgo, plataformas con índice de impagos significativo y con ninguno, webs con una presentación correcta de los datos financieros de las empresas a financiar —Balances, Cuenta de Resultados, etc— y otras con deficiencias en su presentación o ausencia de ellos.

Este es un punto clave para que las personas inviertan su dinero en préstamos a empresas; la principal preocupación del posible inversor es la falta de certeza de recuperar el dinero invertido. Aquí se queda el 75% de las personas que conocen el crowdlending en España pero que todavía no han realizado ninguna inversión. Esta es la piedra angular, el talón de Aquiles de este negocio; la confianza.

Antes de lanzar el informe semanal "P2B Portfolio"[83], realicé un estudio de todas las plataformas españolas de crowdlending[84] y no todas pasaron el corte.

Me puse en contacto con las que pasaron el corte y estudié los tipos de préstamos, riesgos, garantías de devolución, la calidad de información financiera que dan y algo muy importante, la capacidad de respuesta de la plataforma, la rapidez y tono de esa respuesta.

Una de las peticiones que hacía y una crítica que hago

83 http://estrategafinanciero.com/portfolio-p2b-crowdlending/
84 Excluidas las de P2P (entre personas).

es que hace falta información financiera más detallada para, en caso de análisis por parte del inversor, poder acceder. Para una persona no profesional la información que dan en ocasiones es caótica y cerrada, para una persona profesional que quiere realizar un análisis más detallado la información financiera que proporcionan no es suficiente. En algunas de ellas he apreciado esa distancia que acostumbramos a ver en la gran banca; poco entendimiento de las dudas reales del usuario, aceptación de críticas y sugerencias y carencia de empatía.

Lo ideal siempre es un equipo pequeño con un mix de perfiles de distinta procedencia; analista financiero, emprendedor social, abogado en entornos de este tipo, ex-banca, informático (seguridad y diseño) y diseñador. El equipo que hay detrás es muy importante. Al fin y al cabo debe ser una combinación entre empresa disruptiva tecnológica y social y a la vez tener buenos analistas financieros.

Pero no te desanimes, hay una parte muy positiva: en España sí existen plataformas fiables y con procesos de análisis, filtrado, comunicación y préstamos de calidad. De hecho con mejores criterios que la mayoría de bancos en algunos casos.

Además van mejorando todos estos aspectos de forma constante, ya que son los propios usuarios los que lo demandan produciendo un *feedback* muy bueno, el supervisor les exige nuevos requerimientos de información y las propias plataformas al tener pequeños equipos multidisciplinares y disruptivos van mejorando y viendo lo que se innova en el mercado anglosajón.

Si resides en España tienes buenos motivos para poder confiar parte de tu dinero en préstamos a empresas a través de estas plataformas. Solo tienes que seguir los pasos y técnicas explicados a lo largo del libro y elegir las plataformas que mejor se adecúen a tus exigencias, comodidad o *feeling*.

Para ello te recomiendo seguir los cinco aspectos fundamentales para que pasen un *"checkpoint"* mínimo que te ofrezca confianza:

- **Correcta presentación** financiera de los estados financieros.
- **Usabilidad**, plataforma intuitiva y clara.
- **Comunicación eficaz** con el usuario.
- **Estadísticas razonables y fáciles** de acceder a ellas.
- **Tipología de préstamos** y **comisión de gestión.**

EL AUTOR

EL AUTOR

JORGE SEGURA ROMANO (1981)
Consultor financiero y
auditor de cuentas independiente

Licenciado en Administración y Dirección de Empresas por la Universidad de Navarra, posee el título de Auditor de Cuentas en ejercicio (R.O.A.C) y numerosas acreditaciones de programas en análisis financiero y bursátil.

Es autor del libro Despierta. Una visión indie de la economía y diversos artículos y guías de finanzas en medios especializados.

Su blog «Estratega Financiero» es toda una referencia en inversión alternativa y gestión de las finanzas personales.

QUIERO EXPRESAR MI AGRADECIMIENTO A ROSEL CRUZ POR CONFECCIONAR TODAS LAS INFOGRAFÍAS Y TABLAS DEL LIBRO Y A MIREIA BADÍA POR LAS PUNTUALIZACIONES CONSTRUCTIVAS AL PRIMER BORRADOR.

VISITA EL BLOG
HTTP://ESTRATEGAFINANCIERO.COM/

estratega**financiero**